U0926172

百科學術文庫

《中国大百科全书》编纂缘起与研究

姜椿芳 著

中国大百科全书出版社

图书在版编目（CIP 数据）

《中国大百科全书》编纂缘起与研究 / 姜椿芳著 .
—北京：中国大百科全书出版社，2022.6

ISBN 978 –7 –5202 – 1121 – 5

Ⅰ . ①中…　Ⅱ . ①姜…　Ⅲ . ①百科全书 – 编辑工作 – 研究 – 中国　Ⅳ . ① G237.4

中国版本图书馆 CIP 数据核字（2022）第 074379 号

策 划 人　杨牧之
责任编辑　张若楷
责任校对　梁嫣曦
责任印制　李　鹏
出版发行　中国大百科全书出版社
地　　址　北京市阜成门北大街 17 号　　邮政编码　100037
电　　话　010-88390778
网　　址　http://www.ecph.com.cn
印　　刷　北京汇瑞嘉合文化发展有限公司
开　　本　710 毫米 ×1000 毫米　　1/16
印　　张　12.75
印　　次　2022 年 6 月第 1 版　　2022 年 6 月第 1 次印刷
书　　号　ISBN 978 -7 - 5202 - 1121 - 5
定　　价　96.00 元

本书如有印装质量问题，可与出版社联系调换。

《百科学术文库》编委会

主　　编：杨牧之

副 主 编：刘祚臣　刘　杭

　　　　　朱杰军

执行编辑：张若楷　王　丽

总　序

杨牧之

《百科学术文库》是关于百科全书编纂的理论与实践的学术性、知识性、资料性文库。其编纂宗旨在于收集和整理有关百科全书编纂的文章和著作，特别是围绕《中国大百科全书》编纂的文章和著作，从理论与实践的结合上探讨百科全书的编纂理论，总结百科全书的编纂经验，同时进一步探讨在数字化网络化条件下百科全书的编纂模式和编纂规律，为实现百科全书从传统到现代的转型作出贡献。

资料的收集和整理是学术研究的初步和基础，也是本文库的主要任务。

作为后学，我在阅读前贤著作的过程中，得到如同耳提面命般的教益。关于百科全书的渊源，似可从中西两方面去谈。一般认为，西方百科全书式的书籍始于公元前 4 世纪前后的古代希腊。之后，百科全书大体上经历了三个阶段：以教科书为基本性质的古代百科全书，以教育作用为主、兼顾查检功用的中世纪百科全书和以工具书作用为主的近现代百科全书。这样三个演变阶段，前后经过了 2000 多年。在这 2000 多年的发展过程中，西方出现过林林总总的百科全书，但直到 1772 年以狄德罗为首的百科全书派编纂的法国百科全书（《百科全书，或科学、艺术与手工艺大词典》）28 卷出齐，才从根本意义上奠定了现代百科全书的基石，被公认为百科全书编纂史上的重要里程碑，而狄德罗则被誉为现代百科全书的奠基人。在此同时及之后，世界上著名的百科全书陆续出版。如代表了西方知识体系的、历经250年编纂的《不列颠百科全书》（总共出版纸版15版），以及随后出版的《布罗克豪斯百科全书》《美国百科全书》《迈耶百科全书》《钱伯斯百科全书》《拉鲁斯大百科全书》《苏联大百科全书》《俄罗斯大百科全书》等等，形成了一个庞大的丰富多彩的西方百科全书大家族。说到中国的百科全书，在漫长的古代历史中，也出现过许许多多百科全书性质的类书。世界著名的《不列颠百科全书》就认为中国古代类书已具有百科全书性质；认为中国第一部类书《皇览》成于三国时期，即公元220年前后，至今有一千七八百年历史了；还认为明初《永乐大典》“是有史以来世界上最大的百科全书”。不过，从严格的百科全书概念去衡量，应该说，直到20世纪80年代《中国大百科全书》编纂之前，中国一直没有真正意义上的现代百科全书出现。20世纪的最后20年，是中国现代百科全书的创世纪。从那时开始到现在40年过去，《中国大百科全书》第一版、第二版先后问世，伴随其间的是各种类型的百科全书百花齐放、硕果累累。进入21世纪的最初20年，《中国大百科全书》第三版则开启了中国网络百科全书的崭新时代。从事第三版策划、编纂的同志们接过一版、二版专家学者和编辑们开创的现代百科事业大旗，积极探索，继续前进。

回望百科全书编纂发展的漫长过程，我们似乎看到，不同时代不同国家的百科编纂者，一直不屈不挠地探索百科全书编纂的奥秘，积累了丰富的经验，给我们留下了厚重而又宝贵的百科全书编纂的财富，等待着我们去叩门，去发掘，去继承。

2011 年末，《中国大百科全书》第三版经国务院批准正式立项。一个新的追求与探索的征程开始了。

《中国大百科全书》第二版编纂完成，筹划编纂第三版的时候，中央领导明确指出要不断前进，不断创新，特别提出“传播力决定影响力”的观点，要求我们改进传播方式，不但要搞纸质版，还要数字化，搞网络版，要跟上世界的潮流。特别要提出的是，在文化出版领域，《中国大百科全书》第三版这样的项目，可以说是近 10 年仅有的一个由国务院立项的工程。这个工程是中办和国办印发的《国家“十三五”时期文化发展改革规划纲要》中仅有的三个“国家重大出版工程”之一，而且是名列第一位的工程。可见，党中央国务院对这项工程的重视和期待。

2017 年，第一次在中国科学院的科学网上披露三版编纂工作情况，迅即引起海内外媒体的广泛关注。国内的《参考消息》《中国新闻出版广电报》《中华读书报》《环球时报》《南华早报》（香港），国外的美联社北京分社、新加坡的《联合早报》、英国的 BBC、《新西兰先驱报》等纷纷发表消息和评论，可见世界对中国编制新一版“中国大百科全书”的特别关注。

在这样一个幸运、兴奋与艰难前行、苦苦探索相交织的过程中，我们越来越明显地感受到，总结世界各国百科全书编纂经验，尤其是中国百科全书 40 年来的编纂经验，对探索百科全书编纂理论，对编纂一部高质量高水平的百科全书是多么必要；在实际的编纂实践中，我们越来越清晰地认识到，集中、全面、深度地整理与描写百科全书的编纂理论和实践，是百科全书编纂研究的基础性工作，此项工作不到位，继承和发展百科全书编纂理论就缺少材料基础。为此，2018 年下半年，我们开始了《百科学术文库》的选题设计和基本资料的收集整理工作。在将近一年的编选过程中，我们感觉百科全书编纂研究需要补做两个基础性的工作：一是摸清百科全书编纂研究的理论家底，梳理出符合中国特色的百科全书编纂理论体系；二是在百科全书编纂人才的培养方面，需要有一套实用的百科全书编纂指导工具书，以帮助新的百科人从中提炼出适用的编纂理论和编纂方法，对百科全书的编纂工作起导向和指引作用。这是《百科学术文库》的目的和任务，也是《百科学术文库》的价值和意义所在。

百科全书的编纂是一项实践性很强的规模巨大的系统工程，这决定了百科全书编纂研究也是一项繁复的学术研究工程。百科全书作为一种包括一切门类知识或全面介绍某一门类知识的工具书，如何汇集人类知识并对之作出明白易懂的叙述，中外百科人进行了长期的探索，不同类型、不同系列的百科全书性质不同、作用不同，编纂方法也不同。百科全书与普通图书、与字典词典、与年鉴志书、与教材专著等等，异同何在？无论什么类型、什么系列的百科全书都有一个从总体设计开始的编纂过程，都必须经过确定编纂方针、制定编写体例，设计框架（知识分类）、选收条目，组织作者、统一撰稿，培训编辑、审稿加工，专项核实、统编成书，维护更新、修订再版、版权保护等繁复细致的编纂流程。进入网络化时代，则让百科全书的面貌焕然一新，出现了知识传承的更多可能。这其中的每一个环节和变化，都是百科全书编纂研究的对象。古今百科全书编纂的演变，中外百科全书编纂的异同，未来百科全书编纂发展的趋势，也都是百科全书编纂研究的课题。

如上所述，《百科学术文库》的编选和出版是中国百科全书编纂研究最为初步的工作，我们希望以此构筑百科全书编纂研究的基础。为此，文库遴选了 20 世纪末中国第一代百科人筚路蓝缕，在编纂《中国大百科全书》第一版，填补中国百科全书空白，铸造中国文化丰碑的过程中留下来的艰辛探索和编纂实践的宝贵论著；同时也遴选了 21 世纪最初 10 年中国第二代百科人继往开来，编纂《中国大百科全书》第二版，与世界百科全书编纂模式接轨，再造中华文化丰碑的研究成果；此外，还将遴选国内外关于各类百科全书的编纂理论和实践的研究成果，并希望由此伴随《中国大百科全书》第三版网络版和纸质版的编纂，收获到数字化网络化条件下百科全书编纂理论和编纂实践的新发现、新理论和新成果，以推进中国百科全书编纂研究的发展。

《百科学术文库》将分批陆续出版，计划每种（册）大体 30 万字。目前第一批陆续出版的有：姜椿芳先生的百科全书文集《〈中国大百科全书〉编纂缘起与研究》，梅益先生的《百科全书编纂实践》，金常政先生的《百科全书编纂学》，黄鸿森先生的《百科全书编纂纵横》，孙关龙先生的《百科全书编纂是一门学问》，胡人瑞先生的《百科全书编纂研究》，以及文库编委会编辑的《马克思 恩格斯 列宁与百科全书》等。此后，将视资料收集整理和作者的写作情况陆续推出。

由于文库所收的文章和著作时间跨度很大，在整理编辑过程中，我们大致掌握以下几个原则：一是所收文章和著作，尽量保持原貌，各卷的结构不作硬性统一；对不同作者的语言文字习惯，给予最大程度的尊重。二是所收文章和著作，除作者已去世外，皆请原编著者编选过目和订正，并选用较为完备的底本，或经作者修订的新本。三是所收文章和著作，皆保留原文或原著的注释。四是所收文章皆保留或注明文章原始出处和发表日期，以便读者查阅。

为了做好本文库的编纂出版工作，我们组建了“百科学术文库编辑委员会”。在收集整理和编辑出版过程中，编委会同仁做了大量艰苦细致的工作，调研、访谈、核对、校勘、版权和文字编辑、排版，不敢有丝毫怠慢。我们希望文库的出版能发挥它应有的作用，达到我们的目的，实现我们的初心。

由于《百科学术文库》编纂出版的工程规划追求完美，所收文章和著作力求有用，诚请各位专家、学者惠予支持，热情荐稿。在编选整理过程中，疏漏或不妥之处恐也难免，敬请读者批评指正。

2019 年 7 月 10 日

姜椿芳

姜椿芳（1912～1987） 江苏常州人。翻译家、编辑出版家，编纂出版《中国大百科全书》的首倡者。1949 年创办上海俄文学校（1994 年，更名为“上海外国语大学”）并任校长兼党委书记。1953 年任中共中央马恩列斯著作编译局副局长，参与翻译出版《马克思恩格斯全集》《列宁全集》《斯大林全集》的组织领导和审校工作。自 60 年代起领导《毛泽东选集》和中央文献的外文翻译工作。1975 年酝酿编辑《中国大百科全书》的创意，1978 年负责筹组中国大百科全书出版社，任首任总编辑并中国大百科全书总编辑委员会副主任，1987 年改任顾问。主要译作有《列宁在十月》（A. 卡普勒）、《鲍里斯·戈都诺夫》（A.S. 普希金）、《智者千虑必有一失》（A.N. 奥斯特洛夫斯基）、《小市民》（M. 高尔基）、《俄罗斯问题》（K.M. 西蒙诺夫）、《演员自我修养》（K.S. 斯坦尼斯拉夫斯基）等苏联文艺作品，著有《怀念集》等。2012 年，中央编译出版社编辑出版《姜椿芳文集》共 10 卷，约 480 万字。

目　录

关于编辑出版《中国大百科全书》的请示报告[1]和补充报告

关于编辑出版《中国大百科全书》的请示报告

中央宣传部并报

华主席、党中央：

我国迄今尚未编辑、出版一部大百科全书。这同中央、华主席的伟大号召，极大地提高整个中华民族的科学文化水平，向科学进军，建设社会主义的现代化强国，都是极不相称的。

大百科全书是总结和综述过去历史上科学文化的一切成就，系统地全面地介绍当今世界上各个学科的全部知识，特别是最新成就的知识的总文库。大百科全书既是传播马克思列宁主义、毛泽东思想的重要工具，也是为迅速提高工农业生产而奋斗的有力武器。

西方各主要国家出版大百科全书，已有二百多年的历史。一般人常把是否出版大百科全书及其内容如何，作为衡量一国科学文化水平的标志。现在国外出版的百科全书种类多，数量大。美、苏、英、法、德、日等国，综合性的和专科性的百科全书，分别有几十种之多。最近第三世界国家也纷纷出版百科全书。

我国自古以来就有编纂百科全书型书籍的传统。《尔雅》是世界最

〔1〕该报告是姜椿芳在《关于编辑出版〈中国大百科全书〉的建议》一文基础上，受胡乔木和出版局局长王匡的委托起草的。呈交出版局后，出版局请中国科学院和中国社会科学院会签，联名向中央提出。

古老的百科性辞典之一。汉唐以来出了不少这类的书，宋代更见众多，明清两代则有《永乐大典》《古今图书集成》《四库全书》等卷帙浩繁的巨编。但中国历代所编的这些书，都属于类书或丛书性质，还不是现代工具书意义的百科全书。解放前出的旧《辞海》和近年修订补充的新《辞海》（先出按学科分册本，尚未出齐），也只是学科条目简单的辞书，离今天要求的大百科全书还很远。

伟大导师毛主席和敬爱的周总理向来重视字典、词典和大型辞书的出版，《辞海》就是在毛主席亲自批示，周总理亲切关怀下修订出版的。革命导师马克思、恩格斯、列宁都重视百科全书的出版，他们在自己的研究和著作工作中，都经常利用当时各国的百科全书，并且都曾为欧美重要的大百科全书写过不少词目。

根据我国目前的需要，我们建议尽早出版《中国大百科全书》。所以要“尽早”出版，一方面是客观需要，为了普及和提供高科技知识，为实现四个现代化提供必要的资料，这是一项刻不容缓的基本建设；另一方面是考虑到能够参加编辑工作的学术界力量，由于“四人帮”的干扰和破坏，青黄不接的情况十分严重：老的一辈接近衰老，新的一辈没有培养出来，此项工作，如果现在不着手，几年之后困难会更大，现在上马，则老的力量还可利用，通过工作也可培养出一批新的力量。当前，实际上也有快上速成的条件：许多外国较好的百科全书可供参考，大部分词目可以翻译，综合若干国家不同辞书的同类词目，经过我们加工整理，即可采用；一般词目从几千字到几万字（少数词目可能有几十万字），由专家分别编写，所需时间不长。百科全书按学科分类编辑，也可早出成品，分册出书，均衡排印，不致为其他书刊排挤。

关于出版《中国大百科全书》的初步设想是：此书约四五十卷，四五千万字。百分之六十以上为自然科学。在出版《全书》之前，先出分科性百科全书，分科分类编写，编好一本即出一本，先在国内流通，请有关方面和广大读者提意见，修改后再出版综合性百科全书。设想

《全书》从明年国庆三十周年时开始，陆续出版，以十年左右时间基本完成。

为了进行此项工作，须邀请全国各学科有成就有影响的专家，成立一个编委会（约五六十人），下设总编辑部，总编辑部下再设各分科编委会和编辑部。

编委会是咨询机构，总编辑部是执行机构。编委会拟聘请胡乔木同志为主任，周培源、严济慈、陈翰笙、于光远、周扬等同志为副主任。总编辑部目前拟设在国家出版事业管理局，先成立若干人的筹备机构，拟调姜椿芳、朱语今、曾彦修等同志前来主持筹备工作。

为出版百科全书，要成立中国大百科全书出版社，该社编辑部约需人员二百到三百人，拟分批分期配齐，请中央组织部帮助解决，因所需专门人才的面较广，部分人员须由外地调入北京。

关于编辑方针和编辑条例等细则，容后报请审批。

以上建议是否有当，请批示。

国家出版事业管理局党组

中国科学院党组

中国社会科学院党组

一九七八年五月二十一日

关于编辑出版《中国大百科全书》的补充报告

中央宣传部并报

华主席、党中央：

华主席、党中央一九七八年五月批准中国科学院、中国社会科学院、国家出版事业管理局关于尽早编辑出版《中国大百科全书》的请示报告后，我们当即成立了中国大百科全书出版社筹备组，开展各项筹备工作。现已调集一部分干部，初步拟订了编辑出版计划，开始按学科门类进行组稿活动，争取早日出书。

《中国大百科全书》规模大、涉及面广，须采取相应措施，才能完成编辑出版任务。鉴于上海的文化、科学、教育单位比较集中，著译力量比较雄厚，我们已商得上海市委负责同志同意，在上海设立中国大百科全书出版社的分社，由陈虞孙、汤季宏、王顾明同志等负责筹备。上海分社的业务工作由北京总社统一领导，在政治上、组织上拟请上海市委宣传部负责领导，并希望上海市委有一位书记也管一下上海分社的工作。上海分社编制暂定一百二十人，请上海市委协助调配所需干部和安排临时办公用房，经费由北京总社拨发。为长远的工作打算，等有条件时并拟在上海筹建印制《中国大百科全书》的现代化印刷厂，修建图书馆及办公楼。此外，随着工作的开展，还准备在部分省、市、自治区逐步建立中国大百科全书出版社办事处（请当地党委指定有关单位兼管，不另立编制）。为了使各方面了解和支持大百科全书的工作，我们请求中央将一九七八年五月批准的请示报告，连同本报告，一并批转中央和国务院各部门，各省、市、自治区党委，中国人民解放军总参谋部、总政治部。

以上报告，妥否，请批示。

国家出版事业管理局党组
一九七八年十月二十一日

关于编辑出版《中国大百科全书》的建议

历史任务　客观需要

中国现在一般辞书很缺乏，根本没有大百科全书，世界各主要国家，从十八世纪中叶开始就出版大型的多卷本的百科全书，两百年来一再修订再版，除了综合性的百科全书外，近年还出版了许多专业性百科全书，美、苏、英、日、德等国，都有此种类型的百科全书几十种。现在第三世界国家，也纷纷出版百科全书，连独立不久的苏里南这样的小国，也在编印。

现在中国虽然还没有编出百科全书，但自古以来一直有编著此种类型图书的传统。远在三千年前就曾出现《尔雅》这样百科全书的雏形。以后历代都不断编辑流传。如魏有《皇览》（共八百多万字，大部散失），唐有《艺文类聚》，宋以后这类书籍更多，明朝的《永乐大典》被西方称为世界最大的百科全书，共有二万二千多卷。清代则有《古今图书集成》，共一万卷，搜罗宏广，引证详明。这些书都是分类汇集前人的著述，还不是综合概括各种知识（尤其不是当时最新知识）的百科全书。而《四库全书》则是把历代旧著，分类辑录，易于检查，属于丛书性质。

中国在解放前也曾试出过一些百科全书，例如《日用百科全书》及其补编和重编、《少年百科全书》、《中华百科词典》等，内容简单，不全面；另外，《中华文库》《万有文库》，主要还是搜集旧著；《辞海》是词典之外加一部分简要的科学知识，这些都和现代意义的百科全书相去很远，解放后重新修订的《辞海》，虽较旧版扩大和详细，但也还没有达到百科全书的要求。

现代意义的大百科全书是对过去积累的全部文化科学知识加以总结和概括，把当代的社会科学、自然科学、工程技术、文学艺术以及军事科学等各门类知识和最新成就加以综合地叙述。它的每个条目还不是各种学科的专门著述，但比一般基本知识的介绍更为高深和全面，是各种学科的入门，便于读者进一步向精、深、专钻研。因此，我国今天编辑出版大百科全书，不仅可以广泛深入地传播马克思列宁主义、毛泽东思想，而且是要用马列主义和毛泽东思想的观点对中国全部历史、文化和古籍作出新的叙述和概括，并使我国广大人民群众大大提高社会科学和自然科学的知识水平。大百科全书将是我国人民三大革命斗争的一个重要武器，是实现四个现代化的必不可少的工具，对提高工农业生产将有直接帮助，编辑出版《中国大百科全书》，是我国社会主义文化事业的一项基本建设，它是历史赋予的任务，是客观的需要，是世界潮流的必然产物。

革命导师和领袖向来重视百科全书

革命导师，经典著作家都很重视百科全书的编辑出版。马克思和恩格斯都认为百科全书是传播和提高新旧科学知识的重要工具。马克思和恩格斯曾在通信中讨论过百科全书内容和编辑的问题。恩格斯在给马克思的信中把当时德国的百科全书《会话词典》称之为“究竟是较好的最完善的基础参考书”。马克思和恩格斯曾为《美利坚新百科全书》写了六十七个条目。列宁也很重视百科全书，他称赞法国的《拉鲁斯大百科全书》是易于找到各种参考材料的工具书。列宁也曾为俄国《格拉纳特百科词典》撰写过词目，其中最著名的是“卡尔·马克思”一条。

毛泽东主席也很重视辞书的编辑出版，《辞海》的重新编印就是在毛泽东的指示下推动起来的。周恩来总理对《辞海》的重新编印以及其他辞书的编辑出版作了指示和采取了具体措施。毛泽东在《一九五七年夏季的形势》一文中指出："为了建设社会主义，工人阶级必须有自己的技术干部队伍、必须有自己的教授、教员、科学家、新闻记者、文学家、艺术家和马克思主义理论家的队伍。"为造就这样的队伍，编辑出版百科全书是必不可少的一个途径。因为百科全书是搜罗古今中外一切学科基本知识的工具书，实际上就是毛泽东向来提倡的"古为今用，洋为中用"这一重要方针的最好体现。

为了加快发展科技文化教育，为了迎接新的文化高潮的到来，为了实现四个现代化，《中国大百科全书》的编辑出版，无疑是当前刻不容缓的重要工作之一。

各国编辑出版百科全书的情况

"百科全书"一词起源于希腊文，意思是"普通知识范围"，十六世纪在西欧取得新的含义，有"各种知识汇编"和"知识的分类"之意。十八世纪后，才逐渐取得现代通行的含义：汇集一切知识门类和实践活动的最基本资料的出版物。近年来，各国编辑出版大百科全书积累了不少新的经验，百科全书的功用更加充实和发展，编辑体系和方法经过互相参考补充，也越来越完善。

在古代，埃及、希腊、罗马、阿拉伯国家，都出了不少百科全书性质的著作。近代，由于大量的新发现，科学技术的新发展，各种科学知识的精细划分，使编辑百科全书的工作变得非常困难，因百科全书既要总结一切已经积累的知识，又要把所有这些知识归纳为一个完整的体系，于是，从十七世纪下半叶起，欧洲一些国家编纂出版多种分类百科全书。这些百科全书更重视神学、哲学、历史、文艺。到了十八世纪，英国才开始把注意力转到自然科学和工程技术方面（一七〇四年哈立斯编出了《技术词典，或艺术和科学英语大词典》。一七二八年又出了张伯斯的《百科词典，或艺术和科学大词典》），这样就渐渐地在分类百科全书的基础上进而编纂出版按字母顺序的大百科全书（同时，在编纂大百科全书的过程中，也编出更专门更详尽的各种专业百科全书）。德国在一七三二～一七五〇年出版了百科全书性质的《综合大词典》（六十八卷）。法国在一七五一～一七七二年出版了《百科全书，或科学、艺术与手工艺大词典》，不久，在一七八二～一八三二年出版了《分类百科全书》（共一六六・五卷）。英国在一七六八～一七七一年出版了《不列颠百科全书》（三卷）。美国在一八二九～一八三三年出版了《美国百科全书》，于一八五八～一八六三年出版了《美利坚新百科全书》（十六卷）。俄国在一八九〇～一九一三年出版了《百科词典》（共八十六分册，在这以前也试出过几种百科全书，但大多未出完）。日本在一八八八～一八九〇年出版《日本社会事汇》（两卷）。

每次较有权威的百科全书出版后，都对本国甚至对一些别的国家产生巨大的影响。上面提到的，法国从一七五一年开始出版的《百科全书，或科学、艺术与手工艺大词典》是十八世纪中叶法国著名唯物主义哲学家狄德罗主编的。他邀集了当代许多杰出的思想家和活动家，如孟德斯鸠、伏尔泰、卢梭等参加编辑工作。这些进步学者在百科全书的旗帜下团结起来，成为当时法国政治上的进步力量，他们自称为“百科全书派”。他们对一切科学和历史事实，都用新的唯物主义观点另写新的条目。这些新的观点，动摇了封建主义的思想基础，为十八世纪末的法国资产阶级大革命做了思想准备。又如苏联在十月革命胜利后的第九年（一九二六）就开始出版《苏联大百科全书》，用马克思列宁主义的观点，对过去的一切科学和历史事实进行批判，重写新的条目，使苏联人民的思想一新，知识水平提高一步，为实现几个五年计划提供了有力的思想武器。

两次世界大战后，几个主要国家都大量出版修改、重编百科全书，六十年代和七十年代则有更大的发展。有些国家的不同出版社出版类型相同、侧重点不同的百科全书，相互竞争；多卷本和少卷本，解说繁复和说明简要的互为补充；全面综合性的与分类的百科全书分道扬镳；插图装帧、索引参见各出心裁。近年，美、苏、德、法、英、日等国，新出的专业百科全书和百科词典愈来愈多，各有二三十种不等。美国最近还出了电子计算机、环境科学等新百科词典，苏联出了高等、初等数学的百科词典，日本出了家庭、妇女、日用等百科全书。有些国家还为了易于查阅各种百科全书和各种分类词典出了“指南”，如美国图书馆协会编印的《工具书指南》，一九七六年夏出版的第九版就列出各国工具书一万多种，成为百科全书的百科全书。

现在第三世界许多国家也纷纷出版百科全书。印度、印尼都出了几种版本。本国力量不够的如古巴，就委托美国编辑、加拿大排印。

近年各国编辑百科全书的趋向

二百多年来各国编辑出版百科全书积累了不少经验，创造了许多较为科学的方法。综观各国近来编辑大百科全书的情况，其总的趋势大致有以下几点：

（1）德、法、英、美、苏、日等国修订旧版和出版大量新的百科全书，其他许多中小国家，包括第三世界的不少国家也都纷纷编辑、翻译、出版不同类型的百科全书。

（2）在包罗万象的综合性的大百科全书之外，另出各种专业性的百科全书，或者编辑出版更为详尽的各种专科词典。

（3）从繁复向简要方向发展：叙述简要，并不就是不注意全面概括，而是去繁就简，把更详尽的内容转移到专业百科全书中去。

（4）多卷本与少卷本并行：多卷本从百余卷改为数十卷，四十～五十卷改为二十～三十卷；同时又出二～三卷或三～四卷的同名简明百科全书，力求使用方便。或者一种百科全书采取三种编法：一编简要，有如图书馆的总分类卡；二编词目短小，有如小百科词典；三编条目解释详尽。三者可以相互参见使用。

（5）有些国家的大百科全书，从侧重本国情况发展到注意世界情况，美国、英国的百科全书，力求变成世界性的，至少是英语世界的百科全书。

（6）好些国家的大百科全书，不再分版次出版，即不再是第十三版之后出第十四版，而是改为“连续修订版”。过去可以相隔五年、十年甚至二十年出增订新版，现在科学技术、政治经济日新月异，三五年即须另出新版，但读者不可能每隔三五年就购买一套新版，用连续修订法再版，除一部分条目重新改写外大部分不动，小部分只要增印数页。这新的数页，用原来词目的页码，注明某某页的 A、B 、C，读者只要购买这些连续修订的材料，即可与自己的旧版本联合使用。过去有些国家在某一版重印时，也作小量修改，既经修改，旧版即显得过时，用连续修订法之后，就可弥补这一缺点。另外就是过一段时间，出版一卷或二、三卷补卷；每年出版一卷年鉴，把一年来的科技文化上的变化，政治、地理上的变动，世界各国的经济统计资料等等，都搜集在内。

（7）许多国家既有按字母顺序编排的百科全书，又有分类编排的百科全书，或者把按字母编排与分类编排结合起来。

（8）各国大百科全书都很重视索引和参见系统。在条目之首加“提要”，条目之末加“参考书目”。开列某一学科的所有重要书名（原著文字），使读者对各种学科既易于入门，又能进一步深入研究。互相参见使读者触类旁通，也易于入门和掌握全面。

（9）为了使百科全书不因某些条目牵涉难题或缺乏定论而拖延出版，外国百科全书一般是采用摆事实供参考的办法，即将几种情况或几种意见摆出来，说明原委，让读者自己去判断。或者说明某某问题“存疑”，暂作悬案。例如，《美国百科全书》的总编辑在该书前言中写道：“我的愿望不是要强加观点，而是要提供事实。”《美国百科全书》“将提供一幅过去的和现代的正确而全面的图画”。

（10）百科全书的条目用文字详解之外，也很重视图片。现在各国百科全书日益增加图片，其中包括：照片、线条图、名画复制、图表、地图。彩色图片的分量愈来愈重。还有一种“图解百科全书”，每一条目至少用一张图片来说明。

（11）百科全书是常备和必备的参考工具书，故装帧力求坚实、精美，往往还十分豪华。现在一种新的趋向是多出售价较低的普及本，或者在豪华本之外另出廉价的普及本。

（12）有些国家还不能自行出版，便翻译他国较有权威的百科全书，或译全书，或译个别条目（如我国曾出版百余种《苏联大百科全书选译》），近年来新的趋向是某些大国也翻译别国的百科全书。例如美国购得《苏联大百科全书》的版权，着手把它全部译成英文，并翻译苏联的《数学百科全书》《无机物百科全书》；东德翻译苏联《初等数学百科全书》。意大利和希腊也翻译出版苏联的大百科全书。

几点设想

解放后不久，就有一些同志倡议编辑出版《中国大百科全书》，科学发展的十二年规划（一九五六年“八大”决议中提到）曾把大百科全书的编辑工作纳入其中，但由于种种原因而未能着手。一九七五年的广州词典工作会议，又曾提到这个问题，但对此未加讨论，留待以后另行研究。

解放前出版的《辞海》，在毛泽东主席指示的推动下，一九六五年出版了改编新版（未定稿），从一九七二年起又对“未定稿”进行修订，按学科分册出版，内部发行，征求意见。《辞海》在范围、内容上还不能满足当前读者的需要。一九六五年出版的《近代现代外国哲学社会科学人名资料汇编》也和《辞海》一样，都为未来的大百科全书做了准备工作。

目前，有些单位正在编纂或准备编纂一些百科性的词典（例如《音乐词典》和《哲学词典》），有的单位翻译外国的百科词典（例如《苏联历史百科词典》）。这些都是与编纂大百科全书有关的工作。

有好多同志关心和呼吁编辑出版《中国大百科全书》，并且提出了一些设想。这些设想大致可以归纳如下：

（1）早日着手编辑《中国大百科全书》，要编的是大百科全书，而不是小百科全书或者分科词典。有人主张先编一些主要的专科词典或小百科全书，然后在这些辞书的基础上编辑大百科全书。照一般国外的经验，是出了大百科全书之后再编小百科全书，然后再编各种更专门的分科词典。苏联一九二六年开始出《苏联大百科全书》，一九二八～一九三一年出《苏联小百科全书》，一九五〇年开始出第二版《苏联大百科全书》，一九五七年出第三版《苏联小百科全书》，一九五三～一九五五年出三卷本的《苏联百科词典》，一九二七～一九三六年出《工程技术百科全书》，一九二五～一九二八年出《农业百科全书》，等等。如果先编各种专科性词典，可能旷日持久，推迟大百科全书的出版。在编辑大百科全书的过程中，可以由各专科编辑同时编辑本专业的更详尽的专业百科全书，实际上有些国家就是这样做的。或者反过来，正在编辑专业词典的编辑，吸收参加百科全书的编辑工作，对两种辞书都可发挥作用，也就是说，这两种工作可同时并进。

（2）之所以希望早日编辑出版《中国大百科全书》，还因林彪和“四人帮”反党集团的干扰和破坏，十余年来科技文化专门人才的培养脱节，尚存的老一辈的人才逐年减员，今后由于自然规律，这些人才会逐渐衰老死亡，而新的一代的培养又接不上。现在要使大百科全书急起快上，正是针对这种青黄不接的脱节现象。现在不开始这一工作，势必较长时期地推迟延缓。

（3）为了能使大百科全书及早和读者见面，并且考虑到有些条目可能一时定不下来，使全书不能及时出版，建议先出版百科丛书，可定名为《中国人民百科丛书》，不分字母，不分学科，编成一册就出一册，这套丛书经过有关方面和广大读者提意见后，加以修订再出版正式的百科全书（英国《张伯斯百科全书》在一八五九～一八六八年的十年间，每周出一册，共五百二十册）。

（4）设想《中国人民百科丛书》在半年之内就开始出版，从一九七九年建国三十周年时，就正式开始编纂《中国大百科全书》，同时丛书仍继续出版。计划到建国四十周年时出全《中国大百科全书》。

（5）有关科学技术的一般条目，外国历史、地理、文化、艺术、人名、书名等条目，可以从外国百科全书中选译，经过修订、加工后，即可采用。据《不列颠百科全书》编辑部的人说，一部百科全书，大约四分之三的条目要经过相当长的一段时期之后才需要修改，只有四分之一的条目需要不断修改。也就是说，一般百科全书的四分之三的条目内容比较稳定，选择各国百科全书中的这类条目来修订加工是可取的。

（6）根据世界各国大百科全书编辑的经验，《中国大百科全书》分学科或知识门类排列较为适宜，这也符合中国自古以来编类书的传统，另加拼音字母、部首笔画和索引。此外，也应采用“参见”、“附见”、“参考书目”、长条目前加提纲等编辑方法。

（7）大百科全书和丛书的编辑工作，由一位中央领导同志挂帅，邀请全国各学科的有成就的专家，组成编委会（四十～五十人），下设总编部（二十余人），设总编辑一人，副总编辑数人，负责全部编辑工作；另外设立资料、行政等科室。每学科委托有关大学、学院、科研单位设置编写组，承担编译、定稿工作，其组长一般由编委一人兼任。编委不脱产，总编辑部一部分为专职人员，编写组一般也不脱产。

（8）编写和翻译条目的稿件，一般付给适当稿费，不以行政方式作为硬性任务派给各单位承担，以免影响本单位的工作，或这些单位不愿接受所给的任务。

（9）全书字数预计约四五千万字，目前人民出版社一年的排印量即达三千万字，加上丛书排印量，逐年均衡排印，不致影响国内其他书的排印工作。目前纸张供应较困难，估计一二年后可能缓和，不致影响百科全书和丛书的出版。

从类书到现代百科全书[1]

百科全书，也像文化发展中其他事物一样，是随着经济、政治的发展而出现的。

中国最古的百科全书类型的辞书《尔雅》，历经几代人的整理和增补，到了汉代才算完成。它最初在西周出现，是随着周朝政制的确立而开始编集的。周王朝一统天下伊始，有必要把过去的各项制度、典籍文献加以汇集和概括，为新朝建制立章，继往开来，有所规范和依据。以后，历代凡是有所作为和远见的帝王，也莫不在这方面积极倡导，配合经济、政治的发展，敕令编撰百科全书类型的典章巨著。秦始皇在确立“书同文”“篆改隶”之外，虽没有编出重要文献，但吕不韦在秦王统一天下的过程中，在门下食客中组织“写作班子”，广为搜集，各记所闻，编出了一部《吕氏春秋》，对先秦的历史和学术知识有所整理，为后来类书之出启发了思路。汉武帝继高祖创建一代基业之初，由司马迁撰写《史记》。这部大史书，既包括自古至汉的历史、重要人物的本纪、世家和列传，又遍及各种典章制度，甚至包括了货殖、律历，几乎可以说是百科全书型的史著。魏文帝曹丕继魏武帝曹操的事业，废汉立魏，在建立曹家王朝之始便下令编撰《皇览》，遂开中国类书之嚆矢，成为中国古代百科全书类型的巨编。唐、宋编撰的类书，在种类和数量上愈来愈多。这些编著都力求总结前代和概括当代的已有学问和知识。如唐高祖时编的《艺文类聚》，太宗时编的《文思博要》，武则天时编

〔1〕本文是姜椿芳为《百科全书编纂概论》一书写的序。——编者注

的《三教珠英》(后改名《海内珠英》),宋太宗时编的《太平御览》,真宗时编的《册府元龟》,都是篇帙浩繁的类书,辑佚荟萃,分类条理,为后世积累了大量珍贵的资料。永乐皇帝改建明朝政权,迁都北京,急于在武功之后巩固文治,稳定社会,以示升平,先编《文献大成》,后增编为《永乐大典》。这部包罗万象的类书巨著,不仅是我国那个时代文化昌盛的重要标志,而且成了世界百科全书史上的一颗灿烂的明珠,至今尤为东、西方百科全书编纂家所乐道。

巩固了清朝统治的康熙皇帝,先编《渊鉴类函》,继承了历代的类书传统,后来又集中儒臣、学士编撰《古今图书集成》。这部集类书之大成的多达万卷的巨编(在他的第二代雍正朝完成出版),至今还为人们所广泛使用。

鸦片战争之后,海禁大开,中国文人接触到西方文化,对已盛行近百年的现代百科全书发生兴趣。这种现代类型的百科全书除传统的文学艺术内容外,更为重视科学技术知识,而且知识介绍超越国界,对外国事物也广蓄博采。中国的有识之士,认识到励志图强的华夏古国需要的已不是局限于本国古籍和考索文史知识的类书,而是像法国《百科全书》和《大英百科全书》类型的包罗古今一切人类知识的百科全书。无疑,这是一种合乎世界潮流、适应时代需要的良好愿望。

西方主要国家过去虽也编辑出版过各种百科全书类型的辞书,但现代意义的新型百科全书是从十八世纪中叶开始的。当时西欧几个比较先进的国家,随着产业革命的兴起,科学日见昌明,市民阶层逐步登上历史舞台,深感封建专制和宗教迷信束缚社会前进。新兴阶级积极要求自由、平等和民主。在这种经济、政治和文化迅速向前发展的形势下,以资产阶级唯物主义哲学家、思想家、文艺家和编著家狄德罗为首的一批法国倡导启蒙运动的学者,以编辑出版百科全书为突破口,向欧洲的封建专制和神学桎梏进行冲击,形成了著名的百科全书派。狄德罗主编的法国《百科全书》从一七五一年起开始出版。这部百科全书对每个社会领域、科学知识部门从思想观点上进行了检查，批判旧的、陈腐的经院哲学和神学，提出合于新时代形势、比较科学的观点和意见。这部百科全书遂成为新兴阶级要求改革的檄文和号角，动摇了法国和西欧各国的宗教迷信和封建王朝的思想基础，终于在十八世纪末叶在法国掀起了资产阶级革命，其影响随后遍及整个欧洲。资产阶级登上了政治舞台，资本主义统治了世界。然而，这个资本主义世界为了夺取市场而向全世界扩张，也就是这个资本主义的侵略势力，冲破了中国长期闭关自守的大门。

在十八世纪中叶，随着新的形势发展，西方一些主要国家也各自出版了自己的百科全书。这些百科全书又反过来促进了各国经济、政治和文化的发展。

百科全书在资产阶级革命中发挥了自己的作用，在无产阶级革命中也起了自己的作用。十月革命后，列宁就提出要编辑新的百科全书。内战一结束，苏联便着手编辑《苏联大百科全书》，以马克思列宁主义为指导思想，检查资产阶级在各个学科和各个领域里的旧观点，用辩证唯物主义和历史唯物主义观点撰写条目，编出了为社会主义建设服务的新型百科全书。当然，向时代进军，还有其他许多方面的大军，百科全书只是其中的一支部队，在一定意义上起着“先锋”的作用。

鸦片战争以后的中国，客观上已有编辑出版百科全书的需要，但是中国就从这时开始，一步一步地沦为半殖民地、半封建的国家，政治、经济、文化都失去了独立性，实际上已不具备编辑出版这样一部必须动员全国学术界和各个领域力量才能奏功的巨著的条件。

清朝末年，曾有从法国留学回来的人士筹划编辑百科全书（初名“学典”），经过四十年断断续续的尝试，始终都没有成功。二十世纪二十年代初，上海商务印书馆曾计划先翻译当时称为《大英百科全书》

的《不列颠百科全书》，但只译了一部分，因人力、财力不足而中断。二十年代末和三十年代初，商务印书馆、中华书局等出版机构又在这方面进行努力，为编辑百科全书准备资料，出版了《万有文库》《中华文库》《ABC 丛书》《中国新文学大系》等一系列丛书，编辑出版了一些小型的“百科全书”，如《家庭常识》、《日用百科全书》（后又有补编和重编）、《少年百科全书》等书。中华书局以二十年的时间（一九一六～一九三六年）编辑出版了百科全书型的辞书《辞海》。中华人民共和国成立后虽屡有编辑百科全书之议，但由于条件尚不成熟而搁置，一九五六年党的第八次代表大会通过十二年科学发展纲要，其中就包括编辑百科全书这一项目，后又因为种种原因未能实现。十年动乱，对于这种文化事业的创举当然更是无从说起了。

林彪、江青反革命集团被打倒后，党中央和国务院于一九七八年决定编辑出版《中国大百科全书》，成立总编辑委员会领导这一工作，并设立中国大百科全书出版社进行编辑出版的具体工作。中国人民编辑出版自己的现代百科全书的长期愿望，直到一九七八年党的十一届三中全会之后才真正具备了实现的条件，得以全面展开编写工作。

鸦片战争以后，从十九世纪四十年代到二十世纪四十年代末，中国人民经历了苦难的整整一个世纪。一九四九年全国解放，结束了半殖民地半封建的反动统治，中国出版界有了可能考虑编辑出版大型百科全书。但中华人民共和国成立后又经过了迂回曲折的整整三十年，才有可能真正着手这一工作。

这个“可能”是来之不易的。它标志着古老的中国终于在中国共产党的正确领导下，开始了一个百业俱兴、振兴中华的新时期，标志着多灾多难的中国人民终于进入了把自己长期梦寐以求的无数应兴应革事业予以实现的盛世。

这个正在开始的盛世使一再推迟的编辑出版百科全书的事业有了可

能。在这个意义上可以说，《中国大百科全书》是我国新时期的重要标志之一。

随着大型综合性百科全书的出版，儿童、少年、青年的综合性百科全书也在纷纷筹划或已开始出版（有的先用丛书的形式）。专业性的，如医学的、农业的、军事的、城市建设的、企业管理的种种百科全书也正在加紧编辑；除自己编辑的百科全书之外，还翻译了外国的百科全书，如美国的《科学技术百科全书》《苏联军事百科全书》，正在排印的还有《简明不列颠百科全书》和《苏联百科词典》；许多百科全书型的辞书，如《中国历史大辞典》《中国人名词典》《中国地名词典》和社会科学、工程技术和文学艺术方面的辞书都在陆续出版或正在编印；《中国文学大系》《中国戏曲大全》《中国美术集成》等文艺领域里的基本建设也已着手编集，即将陆续问世；反映建国以来三十多年各个学科、各个部门、各个领域发展情况和成就的《当代中国》丛书正在全国范围内广泛和深入地搜集资料和加紧撰写；《马克思恩格斯全集》《列宁全集》正在重新编译修订，即将开始出版；中国无产阶级革命家毛泽东、周恩来、刘少奇、朱德、邓小平、陈云等同志的选集、文集正在陆续编辑出版；各种年鉴，如《中国百科年鉴》《中国文学研究年鉴》《中国经济年鉴》《中国出版年鉴》《中国戏剧年鉴》以及许多其他学科的年鉴也在纷纷出版；另外还将陆续编出尽可能系统、全面介绍当前世界一切门类、学科最新知识和最新成就的手册和资料汇编。目前我国出版界争相编辑和出版大型的政治、学术全集和大型百科工具书，已经蔚然成风。即使这些书还存在这样那样的缺点，有些还嫌简单粗疏，有些缺门还没有迅速补齐，但是这种风气、势头和趋向，却表现了我国知识界对社会主义现代化建设事业的奋发精神，同时也表现了我国盛世之初的新时期在政治、经济和科学文化事业上的空前繁荣的局面。这种精神和这种局面的特点就是：对过去的一切作出全面的总结和概括；向人民提供集大成的知识总汇；对未来提出空前广阔的新起点、新方向和新目标。总之，百科全书以及其他大型的编著出版物，正是一个新时代之应运而生的产物。

百科全书的编辑和出版，是一件复杂的和科学的事情。世界各国出版的各种现代百科全书，恐怕已不下千种。国外虽然有一些研究百科全书历史的论著，我国也有不少研究和介绍包括类书在内的文史工具书的书籍，但遗憾的是至今还没有一本全面讨论百科全书编纂理论和编辑方法的著作。我国百科全书事业正方兴未艾，怎样编好具有中国特点、能满足我国读者需要的百科全书，确实是当前迫切需要解决的问题。为此，我们必须总结和吸收先人编撰传统类书的经验，尤其需要借鉴和参考世界各国编辑百科全书的经验和方法。在这方面有大量的资料需要搜集，有大量的问题需要解决。例如，我国的百科全书怎样突出自己的特点，以及百科全书的编撰体例、框架设计和条目拟定、条目释文的体裁、检索系统的编制方法、编辑工作流程等等，都需要研究和探讨。百科全书的编撰人员，甚至百科全书的使用者，对于百科全书的性质、功用和编纂方法应该有比较系统的知识，应该了解世界主要国家编辑百科全书的历史和经验。因此，编写一本能够回答这些问题、介绍中外百科全书编纂历史和经验、概述百科全书编辑技术和各种体例要求的书，无疑是当前所十分需要的。

《百科全书编纂概论》就是这样一本书。自然，它的内容还不够充分，可能还存在一些缺点，但这毕竟是我国探讨百科全书编纂学问的第一本著作。这本书的作者金常政同志本是百科全书的爱好者，多年来曾翻阅了一些外国百科全书，萌生过编辑百科全书的想法。党中央和国务院决定编辑出版《中国大百科全书》后，他就参加了筹建工作，参加了有关全书的调研和总体设计等。他不仅参加了《中国大百科全书》最早一卷《天文学》的实际编辑工作，之后又参加了其他若干卷不同阶段的编辑工作。对于近年来我国筹组的几部大型专业百科全书，他也曾应邀担任编辑、咨询工作。本书就是他在百科全书研究和编辑实践的基础上写成的。这是一本概括地论述百科全书及其编纂理论和编辑方法的书，可供百科全书和辞书工作者参考。

编辑现代百科全书在我国是一项新兴事业。这一事业正在迅速发展，各种类型的百科全书的出版，将为我国人民普及和提高科学文化水平发挥巨大作用。但是在这个编辑出版的领域里，从理论到实践还需要进一步探讨和研究，希望能写出更多的专著。

《中国大百科全书》及其出版社在草创阶段的一些情况

一九七五年四月十九日，我出狱的那天，中央编译局的负责人王惠德、叶直新、张仲实同志来看我。我谈起在狱中的设想：编译局已经译出了《马克思恩格斯全集》《列宁全集》《斯大林全集》，是否可以用现有的编译力量，配备一些有专业知识的编辑，编辑中国还缺少的大型工具书——百科全书。他们说，编译局还有编译三大全集第二版的任务，无力搞百科全书。于是我就按照编译局当前任务的安排，参加《列宁全集》的校订工作。同时，我还是心心念念想推动编辑百科全书的工作。一面搜集和阅读有关外国百科全书的资料，一面向一些熟识的、可能对百科全书有兴趣的同志宣传我的设想。我给乔木同志打过电话，分别向倪海曙、唐守愚、梅益、于光远、王子野、许立群、胡愈之、王益、陈翰伯、黎澍同志等谈过这个问题。大家都很赞同这个思想，有的同志还半开玩笑地说：我们都是中国百科全书派，积极支持这个事业。

许立群同志说，他可以开张名单，召集一些同志座谈一下这个问题，或者把关于编辑百科全书的设想，写成文字，分送给有关同志征求意见。

王益同志当时是人民出版社的社长。百科全书的排印量，大概几千万字，人民出版社现在一年的排印量就有三千万字，用两三年时间就可以出版百科全书。他的意思是说，当前中国的排印力量，没有问题。至于发行问题，当时没有考虑，因为心目中不存在疑问，只要书出来，自然可以交由新华书店发行。排印、发行没有问题，主要的问题在于编辑。出多少卷，包括哪些学科，怎样组织编辑力量？这些问题必须有一个比较具体的设想和计划。

在一九七六～一九七七年两年中，我主要是调查研究国内外有关百科全书的资料。倪海曙同志转给我一份周有光同志送给他的介绍美国编辑出版《不列颠百科全书》第十五版情况的资料（实际上是出书的宣传品），里面有不少可供参考的材料。《苏联大百科全书》第一、第二版和《苏联小百科全书》，以及《苏联百科词典》也是主要的参考书。我请编译局懂英文、法文、德文、日文、西班牙文的同志找这些国家的百科全书的资料，或给我翻译一些，或给我口头讲述一些。美国图书馆协会出版的年鉴〔1〕，其中介绍各国出版百科全书的情况，也很有参考价值。关于中国历代编辑类书的一些资料，清末民初中国出版过的几部百科全书类型的书，特别是一九三六年出版的带有百科全书性质的《辞海》，都提供了不少可供参考的信息。

我根据所掌握的不太完全的资料，写成文字，几次易稿，逐渐形成建议书这样的材料〔2〕。一次中宣部开会，讨论出版等问题。于光远同志鼓励我“大讲特讲”，但因时间紧促，没有来得及讲。我对朱穆之部长说，我送书面材料给他吧。他说，他一定转到有关方面去。

我给中宣部和出版局送去的书面建议，被于光远同志看到，他立刻打电话给我，说我们所谈的问题，你已进行了调查研究，这个材料将尽快发表在社会科学院刚出版的《情况和建议》上，第二期即刊出。

《情况和建议》刊出这个材料后，引起好多同志的注意。乔木同志让当时的出版局局长王匡同志来找我，我们在编译局的会议室里谈了几分钟，决定由我写出正式的建议书，送出版局。我连夜改写，由倪海曙同志抄写，第二天一早，就由他亲自送到出版局。出版局请科学院和社会科学院会签，联名向中央提出。我本来想请科委也参加签署，童大林

〔1〕指《工具书指南》。——作者注

〔2〕即《关于编辑出版〈中国大百科全书〉的建议》一文。——作者注

同志说，由科学院出面就可以了。

这事是在一九七八年四月二十号左右。建议书一到中宣部，中宣部出版局局长边春光同志就在建议书上签批了拟请朱语今、曾彦修和我为筹备人员，尽速筹备此事。建议书送到中央常委，李先念同志等都画了圈，表示同意。在五月初，批准文就发给了出版局等主管单位。王匡、陈翰伯、王子野、许力以同志等通知我去开会，商议之下，很快就作出了决定：成立一个出版社，配备三四百人的编辑和工作人员，并成立以胡乔木同志为总编委主任的总编辑委员会，领导编辑《中国大百科全书》的工作。乔木同志本想请方毅同志出任主任，方毅同志固辞不任，还是请乔木同志担任。乔木同志召集筹备人员开会，提出了原则性的编辑方针，要求立即展开筹备工作。

向中央提出的总编委主任、副主任名单（最初还有齐燕铭同志的名字），编制三百余人，出书六十卷，十年完成任务的报告，经中央和国务院批准。文件传到中组部，当时组织部部长胡耀邦同志批示要尽快为中国大百科全书出版社配齐干部。

《中国大百科全书》草创阶段，一路绿灯，是进行得很顺利、很迅速的。

出版社开始的时候没有干部，没有经费，没有办公的地方。陈翰伯同志告诉我们，要办一个出版社首先要有搞人事、管经费、办行政的人。我借用编译局的阎明复同志，借了编译局的一辆汽车，一起坐着车子去找文化部刚退休的严玉华同志，又和她一起去找文化部退休的财会人员李庆文，把她们一起拉到出版局，借出版局的收发室做联络点，算是有了办公和财会人员。向出版局借了四十元钱，作临时花销之用。

王子野同志和版本图书馆商量，借用他们在东总布胡同做仓库的两间平房做临时办公室。出版社就这样因陋就简地开始创建起来。

最重要的问题是百科全书的编辑工作如何开始。

筹备人员除我外，还有朱语今同志和曾彦修同志。他们从西安和上海陆续赶到北京。还有一位朱庭光同志，他表示不愿参加。以后又陆续调到和聘请到刘尊棋、倪海曙、周有光、唐守愚等同志。这些同志连日开会讨论编辑方针、计划和一些具体工作。

编辑方针和计划，在建议书里已经提出：综合性的百科全书、按学科大类分卷编辑出版、计划五十～六十卷，以十年时间编成，在一九八九年国庆四十周年时出齐。这是原则性的、笼统的计划。怎样具体进行？有人主张把全书的全部计划包括各学科各卷的框架条目都详细商讨、确定后，逐步编辑出版；有人主张边搜集资料、边组稿、边编辑、边出版。因为既然决定按学科分卷出书，就不必等候全书计划全部确定后再着手编辑出版。可以一个一个学科分别编，分别出，出几卷，包括哪些学科，可以先有一个大体上的规模。几次讨论，先定为六十二卷，后来的两年中又陆续增加到七十二卷，最后定为七十五卷。

从哪一卷开始编写？一九七八年秋，中国天文学会在上海开年会，编辑部的人到上海去参加这个会议，向天文学界的专家学者们提出编中国第一部百科全书，是否可请天文学界的同志发轫，先编第一卷《天文学》？天文学界的专家热烈响应，愿意着手先编这一卷书。

这样就开始了边筹备、边搜集资料、边编辑（一个一个学科的）、边排印、边出版。同时把有条件可以上马的十二个学科，组织专家，开会讨论，定出框架条目，着手组稿、写稿、讨论、改稿、定稿，送印刷厂发排。

原上海出版局副局长汤季宏同志联系，利用小三线的印厂（在安徽绩溪县）作为排印基地，并且在上海成立了分社。上海市委推荐陈虞孙同志为副总编辑，汤季宏同志为副社长，在上海负责编辑工作和出版工作。

所以这样做，是因为北京不能建立印刷厂，上海市内当时也不允许成立印刷厂。而小三线的这个海峰印刷厂是上海下放的，有一批技术水平较高的排印、装订技师和工人，适合做技术要求较高的百科全书的印装工作。

凡是有条件上马的各学科，开始展开工作后调进各种专业的工作人员，同时又有好几位原来在社内做领导工作的人员调出去，社内情况有些变化。有人主张，百科全书不必这样编，也不必出这么多卷，或提议少出几卷可提前全部出版；或提议可推迟出版。

在一九八二年，社内主要负责同志开会，决定“三不变”方针，即：我们编的百科全书是综合性大类分卷，分类出版，不变；全书七十五卷，不变；预定在一九八九年国庆时献礼，不变。

这些是草创阶段的大致情况。

为什么要出《中国大百科全书》

人类靠知识生活。人类进化、发展的历史就是人类知识积累的历史。随着时间的推移，人类积累的知识愈来愈多。为了掌握过去的知识和现在的知识，人类必须具有记录知识的工具——书籍。各种不同的书记录各种不同的知识。知识和书籍愈来愈多，于是出现把各种知识分门别类汇编起来的专书。这种专书既向读者提供系统性的知识，又在编排上使读者易于寻检他所需要的知识，这便是“百科全书”类型的书。“百科”是指“门类”和“科目”的繁多，“全书”是说包括在这部书里的知识“齐全”。

“百科全书”的名称是从 encyclopedia 译过来的，来源于希腊文。en 有“完全”的意思，cyclo 是“圆圈”，pedia 为“知识”“教育”，合起来的意思是“在这个圆圈里荟集着所有的知识”，也就是说“全部知识都收罗在这部书里了”。

人类很早就编百科全书。无论东方或西方，远在奴隶社会就有大学问家独自写的这种书，后来又有集体编辑的。中国是这样，古埃及、古希腊、古罗马也是这样。有人说，《洪范 • 九畴》《尔雅》是中国古代的百科全书。不过，这不是现代意义的百科全书。甚至魏文帝敕编的《皇览》（被称为中国第一部类书），也还不是真正的百科全书。类书是分门别类汇集前人的著作；百科全书则是用条目的形式，编成一篇一篇的文章，把各种知识、事物、人物原原本本地加以叙述，特别是把最新知识作系统的、全面的介绍。编辑类书是中国学者数千年的传统，历代所编类书不下数百种，著名的有唐代的《艺文类聚》、宋代的《太平御览》、明代的《永乐大典》、清代的《古今图书集成》。

西方各国近二百年来都编新型的百科全书，近年出版的这种书，更是种类繁多。美、英、法、德等国有出了十余种或数十种的，日本近来也陆续编纂，大量出版。出类书、丛书，和出百科全书大不相同，在思想、文化、政治上，前者所起的作用远逊于后者。狄德罗、达朗贝尔等主编的法国《百科全书》和中国纪晓岚等主编的《四库全书》差不多是同在一个时期，但前者起了巨大的启蒙作用，它的出版动摇了法国封建社会的思想体系，为十八世纪末的法国资产阶级革命，甚至整个欧洲的资产阶级革命做了思想准备。《四库全书》当然有不可低估的价值，但所起的作用是不能和法国《百科全书》同日而语的。

百科全书反映一个国家的文化面貌。我国一直没有编出这样的书，是很遗憾的。对国内人民来说，也确实有早日出版中国百科全书的必要，这首先是为四个现代化服务，为提高整个中华民族的科学文化水平服务。

出版百科全书是一项科学文化的基本建设。最近二百年世界科学文化的发展，尤其是最近二十年科技的突飞猛进，学科的门类愈来愈多，内容日新月异。人们要获得这些新知识，非有一部包罗万象的“全书”不可。一个人的生命有限，专门从事学习的时间更有限（大、中、小学加在一起不过十五六年），而知识的范围如此广泛，门类如此众多，没有全面地、系统地、概括地介绍各种知识的著作，就无法掌握必要的知识。学科的分类愈来愈细，人们学习的专业愈来愈窄，只凭专业知识而无广博的知识，没有一种便于查阅的、包罗各种知识的书，是不能适应现代生活要求的。要涉猎各种知识，应该备有各种专著，但不是人人都能购置足够的书籍，也不是人人都有收藏千卷万册书籍的地方，即使天天跑图书馆也不能解决问题；如有一部兼收并蓄的书，就能解决这个困难了。今天千变万化的事物，要求人们用最短的时间、最简捷的方法，给自己的疑问找到最急需的正确答案。为了满足求知欲，为了钻研自己专业之外的学科，要有一种既能引人入胜，又能作为向导，引领人们进入新的知识领域的书。它既有分科分目的概括叙述，又给人们开列出进一步学习的参考书目，从而入门进阶、登堂入室。高中以上、相当于大学程度的广大读者，在学习中要有一部旁征博引、可资参考的书，就像得到一位良师益友，使自己的学习事半功倍。人的脑子，即使借助电脑，也装不下无穷的数据和公式、众多的法则和规律，这就要有备忘录式的专书、统计表式的手册。历代文献易于散失，名著巨制应加保存，艺术珍品、地图画幅宜于复制流传，这就需要有一种留之久远、传之后代的文库图集。

上面所说的种种读物、读本、专书著作、参考书、工具书、年鉴、手册、图集画册，综合一起，集其大成者，便是百科全书。有人把百科全书誉为精简的图书馆，称为“没有围墙的大学”，说百科全书是给没有书的人准备的书籍，说百科全书是知识桥梁，是科技进阶，是普及提高的手段，是求精深造的钥匙，是万有文库、万宝全书，就是这个缘故。

综上所述，可见我国迫不及待地需要编辑出版这样的百科全书，也只有出版这样的百科全书，才能对我国社会主义建设的四个现代化，对迅速提高整个中华民族的科学文化水平提供有效的工具和锐利的武器。

我们要编的《中国大百科全书》，就是具有中国特点、中国风格，适于中国广大读者需要的书。所以称为“大百科”，就是因为它是一部综合性的、以大学生和相当于大学程度的广大读者为对象的大型百科全书。所以冠以“大”字，是为了准备将来在这部“大百科全书”的基础上再编出《中国小百科全书》以及其他多种类型的百科全书，可以在过去大而多的基础上新编少而精的数卷或一二十卷的百科全书。我们第一次出这样的书，不得不有五六十卷的巨编。《中国大百科全书》准备以学科分类分卷的方式出版，每一学科（一卷或数卷）所有条目则按汉语拼音字母顺序排列，以便读者寻检；每一学科专卷之前有总论和分类目录，以使读者对本学科获得全面的概括的了解；卷末附汉字笔画索引和内容分析索引，使读者能够迅速查到自己所需要的解答。

为了出好这部《中国大百科全书》，为了进行充分准备，我们决定先出版一种丛刊，取名《百科知识》，刊期暂不限定，大约在一个月至两个月之间出一辑，选刊《中国大百科全书》编写过程中的一些试写条目和为写条目参考的知识资料，广泛征求读者意见。这些条目（或类似条目的长短文章）的内容，范围较广，遍及自然科学、应用科学、社会科学、文学艺术、文化教育等各个门类，其中包括国内外各种科学、技术的基本知识以及最新成就的知识和消息，也刊登一些外国百科全书的情况介绍和样条，发表作者、编者、读者对百科全书内容的讨论意见和交流经验的文章。此外，还分出一小部分篇幅，刊登一些论文、回忆、笔记、小品等。所刊登的文章力求做到思想性、知识性、趣味性并重。我们希望本刊能体现毛泽东同志一向提倡的“古为今用、洋为中用”“百花齐放、百家争鸣”的方针。

我们热烈欢迎专家、学者和广大读者投寄上述各种稿件，并且希望大家对《中国大百科全书》提出建议和意见。为了出好《中国大百科全书》，首先要出好为它服务的《百科知识》，恳切希望大家为我们这个丛刊多写稿件，多提意见。

原载《百科知识》1979 年 5 月 1 日

中国第一部百科全书

一

中国过去非但没有出版过完整的百科全书，而且连百科全书这一名称也没有。

自古以来，无论中外，都有编著百科全书类型的辞书的传统。这种类型的书编出之后，在名称上煞费苦心。一般称之为辞书、辞典，但这个通称不能概括它们的特点，于是就想出各种各样的名称。我国先哲用《尚书》《尔雅》这些名称。战国末期吕不韦和他的门客合编的包罗很广的《吕氏春秋》（或称《吕览》），“春秋”一词就颇有特点。西汉的《淮南子》，东晋的《抱朴子》，虽也有点百科全书著作的意味，但从书名上是看不出来的。魏初的《皇览》是中国第一部完整的类书，属于古代百科全书类型，书名表明专为皇帝浏览之作，“览”字也有概括各方面知识的含义。《两京赋》与《三都赋》，篇幅虽不大，但把三都、两京的宫室、街衢、草木、虫鱼等都巨细无遗地歌咏在内，也有些百科全书的性质，篇名就毫无关系了。可以作为“美学百科全书”看待的《文心雕龙》，为了表达此书所包含的内容，起的书名颇有匠心。唐初的《艺文类聚》、宋朝的《册府元龟》、明代的《唐类函》、清初的《渊鉴类函》也都在追求一个能把内容概括得更全面的名称。至于《永乐大典》和《古今图书集成》就更明白地标明是类书了。

为了找到最能表明书籍内容的名称，编者驰骋自己的想象，曾提出《锦绣万花谷》（宋代无名氏编的一百二十卷类书）、《古今合璧事类备要》（宋代谢维新编的三百六十六卷类书）这样出奇的书名。用《玉海》《绀珠》《意林》等联想翩翩的名称的，更是不少。我国二十世纪三十年代开始出版的《辞海》，用广阔深远的“海”来形容收词之广与深，是一个新的例子。

在国外，有同样的情况。为了把人类长年积累的知识，尽可能全面地搜集起来，编写成书，广为流传。先是由大学问家独自著作，例如公元前四五世纪古希腊德谟克利特、亚里士多德的著作就是这样。公元前二世纪古罗马的瓦洛的文集《学科要义》、泽尔斯的《艺术》、老普里尼的《自然史》都属于这一类。后来在中世纪又出现了不少这种综合性的著作，有个人执笔的，有集体编写的。用“辞典”“词汇”这类的名称是再也不能概括这种著作的内容了。于是想出《大宝鉴》《科学初阶》《科学总录》之类的名称。在寻找概括性书名的时候，出现了一些奇异的名词:《幸福之钥》《宗教和世俗教范》《语文学和商业之神的婚礼》。俄国也出现了一个不平凡的书名:《广大园地，……或万有历史原始资料辞典》。在欧洲还出现过《花集》《欢乐的花园》这样的书名。这些都说明人们在努力寻出一个最适当的书名。

最初提出科学的知识分类法的培根，给他未完成的巨著起了《伟大的复兴》这一名称，仍没有解决问题。直到一五五九年，一位叫斯卡利什的著作家在瑞士出版《百科全书，或神与世俗学科知识》一书时，才第一次用“百科全书”这个名称。但是他的这部书并没有广泛流传，因而百科全书这个名称也没有被人重视。过了一百九十二年，到一七五一年法国哲学家狄德罗编辑出版《百科全书，或科学、艺术与手工艺大辞典》，由于这部启蒙巨著广泛传播而使“百科全书”这个名称被人们普遍接受，从此综合叙述和介绍古往今来各种人、物、事的著作才大多冠以百科全书之名。狄德罗开始用“百科全书”的名称，后面还加上一长串的补充说明。后来别的百科全书也大多数采用这种附加说明的方法。

Encyclopedia 这个词，源出于希腊文，有教育和知识范围之意。随着百科全书编辑的发展与改进，这个名词的含义也愈来愈充实和明确，逐渐取得现今通行的含义：包括一切学科、领域和实际工作部门基本知识的大型著作。

中国在清末民初开始介绍外国百科全书的情况。起初，对名称的确立，也费过一番周折。一九〇六年，李石曾等人拟用“百科学典”，后来才渐渐定名为“百科全书”。这个译法虽已通行，但用到专业百科全书上，有时就觉得不很妥切。例如“数学百科全书”“历史百科全书”“宗教百科全书”，“百科”二字嵌在里面觉得不太适当。但把“百科全书”四字作为一个词，用惯了也就习以为常了。

二

中国是第一次编辑、出版综合性的现代大型百科全书。所以称为《中国大百科全书》，是计划在此书之后接着还要编出小百科全书，两三卷或单卷的百科全书，中学生或青少年以及儿童百科全书。在这些综合性的百科全书之外，还将与专业单位一起编一些专业性的百科全书。

正因为是第一次编辑百科全书，没有过去积累的资料可作基础，没有过去的经验可作参考。一切要从调查研究着手，摸索前进。

外国编百科全书已有二百多年的历史，在开始的时候，大多是分学科分类编排，后来逐渐改为按字母顺序排列。我国初次编辑，还得走人家走过的道路，也从分科分卷编起。即使分科分卷编，一个学科，或一个知识领域，不论是一卷或数卷，作为一个单元，还是可以自成一体，在自己的卷内，按照字母顺序排列条目，以便利读者的检索。等到将来编辑第二版时，再把全部学科打乱，完全按照字母顺序排列。在这之后，其他中、小型百科全书，也可不分学科而按字母顺序排列。

又因为是初次编辑百科全书，在资料上，不得不做些“集大成”的工作。有许多条目，在历史渊源、来龙去脉上，不得不多做些系统性的叙述，不像外国已有多种和多版百科全书，新编的可以适当简化。每一学科的编写者，也由于是初次编写，莫不希望把本学科编得全一些，多一些，深一些。这种愿望是完全可以理解的。编辑部虽一再强调，我们现在编的是综合性百科全书，不是专业性百科全书，不能用专业的要求来处理综合性百科全书的分科条目。这些客观情况，反映到《中国大百科全书》的规划和总体设计上，就不得不形成篇幅偏大、卷数偏多。初步确定的总体规划达到八十卷（其中包括索引两卷）。计划每卷一百万字左右。全书将近一亿字。这在世界各国百科全书近年来大多限于二三十卷的趋势下，是一部卷帙浩繁、字数众多的巨编。这种不合乎“世界潮流”的规模是由于前述几种情况形成的。

最新版的《不列颠百科全书》《苏联大百科全书》和《美国百科全书》都是各三十卷。这三部书，按译成中文的字数计算，字数均在七千万～七千五百万字之间。这和计划中的《中国大百科全书》约一亿字的计算有距离，但相差并不太大。卷数所以多，与《中国大百科全书》用正十六开排印，而美、苏、英等国的百科全书多用更大的开本有关。作为中国第一部百科全书，《中国大百科全书》字数和卷数多一些是客观条件决定的，我们估计，以后会愈编愈精、愈少，将来也可能减到三十卷左右。《苏联大百科全书》第一版六十五卷，第二版五十一卷，第三版三十卷，就是逐版压缩的一个例子。

《中国大百科全书》第一版限制在八十卷范围之内，应该尽量不再超过，即使在编辑过程中（大致以十年为期）需要有所增加，也应该尽量在已定的卷数内平衡调整。

三

出版百科全书是文化科学方面的一项基本建设。出版《中国大百科全书》是历史的必然，客观的需要。出版百科全书是我国历代出过四百多种类书的进一步发展，是为迅速提高整个中华民族科学文化水平服务的，是为四个现代化建设服务的。作为代表具有上下五千年文明史、拥有九亿以上人口的中国的文化面貌，《中国大百科全书》也有早日出版的必要。这就是说，对内对外，都有迅速出版中国百科全书的必要。

《中国大百科全书》应该有自己的特点，全书的条目必须力求用马克思主义的观点，即科学的、实事求是的观点来撰写；应该突出中国的特点，即充分反映中国的历史、科学文化的发展道路、文学艺术的成就、目前的现实情况，特别是今天我国各方面的建设情况；我们的百科全书又是世界性的，在突出和着重中国古往今来的情况外，也适当介绍各国的情况，并重视第三世界各国各地区的介绍。

百科全书应该负担的任务和发挥的作用是巨大的，多方面的，《中国大百科全书》的初编，很难满足一切方面的需求。好在最近一两年来，许多科学文化部门和领域，掀起一个编辑专业辞典、百科全书和手册的热潮，许多单位都在为各自的文化基本建设，积极组织力量，有的已经展开编写工作，有的正在筹备，有的已经编好付排。这一情况是我国科学文化事业欣欣向荣的一个表现，各种专业百科全书和这一类型辞书的编辑出版，将和《中国大百科全书》一起为我国社会主义现代化建设作出自己的一份贡献。

在编辑出版我国新型的百科全书和辞书的同时，有好些科研和出版单位还在翻译适于我国今天需要的外国历史、经济、文学、艺术、科技的百科全书或辞书，这是整个文化出版事业中令人喜悦的另一情况。

中国大百科全书出版社在同时展开三十多个不同学科的筹划与编写工作中，由于工作人员的经验不足、能力不够，需要克服种种困难，方能勉力前进，更需要的是各方面的支援和帮助。计划以十年时间来完成自己的初步任务，一九八〇年能出版的是一卷《天文学》和一部《中国百科年鉴》。《天文学》一卷的正文，连图片和各种索引与附录，共约一百五十万字。《中国百科年鉴》约一百六十万字。这是中国大百科全书出版社筹备两年以来的初步成果，由于前述种种原因，肯定存在不少缺点，作为辞书、工具书，有待继续研究，在今后的工作中逐步改进和改正错误，竭诚希望得到各方面的指正和支持。

照各国百科全书出版单位的做法，在全书出版之后，每年编辑出版一卷年鉴，把一年来国内外政治、经济、文化、科学、艺术等各领域各部门的新材料收罗在内，以补已经出版的百科全书的不足。我们考虑到，我国的百科全书是分科分卷出版，要有十年左右的时间才能把全书出齐，客观的急需，不能等到十年之后才看到科学文化的最新知识，于是打破常规提前出版年鉴，定名为《中国百科年鉴》。年鉴一般是每年年初出版，记录过去一年的事迹和情况，我们一九七九年的年鉴在一九八〇年初才着手编辑，只能在第三季度出版，争取明年能提前到第二季度，后年提前到第一季度出版。年鉴在我国也是一项新的工作，初次编出的第一卷，也肯定存在不少缺点和错误，也有待逐步改进。

中国大百科全书出版社为了交流经验，研讨试写条目，征求意见，以及介绍国内外科学文化方面的系统知识和最新成就，从一九七九年起创刊了《百科知识》月刊。所有这些措施都是为了编出中国第一部百科全书，在没有走过的道路上找到一些依扶的东西。良好的愿望要成为现实，尤其是成为比较令人满意的实践，还有相当的距离。为了编好中国第一部百科全书，除了我们出版社的工作人员自己应该努力之外，还希望得到全国各学科各领域有志于这一事业的专家、学者、教授、科技人员的通力协作。

原载《辞书研究》1980 年第 4 期

《中国大百科全书》有哪些特色[1]

《中国大百科全书》的编纂者继承我国近两千年编撰四百余种类书的传统，参照外国两百年来编辑出版现代类型百科全书的经验，确定了全书的编辑总方针、编纂方法和编辑体例。这一总体设计已经过全书首卷《天文学》的编辑实践的验证。

根据总体设计和规划，《中国大百科全书》及其编辑工作大体上具有下列一些特点。

一、一边筹备出版社、一边编辑出版，但全书编纂并非盲目摸索前进。实际上，事先已经有了比较充分的调查研究、全面的设想、初步的规划设计和相当完备的体例规范。

二、考虑到这是中国第一部现代意义的百科全书，缺乏现成的资料和编纂经验，决定第一版采用大类分卷的方式出版。每一学科或知识门类编为一卷或数卷，小学科或门类两三学科合为一卷。编好一卷出版一卷，读者可分卷购置，不必像外国百科全书那样，一次购买全书。

三、《中国大百科全书》是现代类型的综合性大型百科全书。“综合性”是相对专业性而言，它不以各学科的专家读者和专业工作者为对象，不对每一学科或知识门类做巨细无遗的详尽介绍，而只叙述每一学科的基本知识。“大型”是指广及各学科领域、各知识门类和部头规模较大。全书计划出版数十卷，卷数从最初设想的四十～五十卷后增至现

---

〔1〕本文是姜椿芳于一九八五年一月三十日举行的记者招待会上的讲话。编选时已做适当的节略。——编者注

在限定的七十五卷。每卷平均一百五十万字左右，多者可达二百万字左右，少者可以一百万字左右，全书合一亿多字。

四、《中国大百科全书》是世界内容的百科全书，即所谓国际性的百科全书。各国同类的百科全书都以介绍本国的科学、文化和各方面情况为主，《中国大百科全书》也不例外，即以充分介绍和反映中国自然环境、矿藏物产、工农业经济、历史、科学技术、文学艺术知识为主要重点，同时也相当充分地介绍世界各国的，特别是第三世界各国的情况，不仅介绍各国现状，也介绍自古以来的情况，即以相当详尽介绍中外古今各国的情况为自己的特点。

五、《中国大百科全书》一反外国百科全书界“大条目主义”的传统，不是以大条目（往往篇幅大至数十万字）为主，而是以中条目为骨干，在数量上以小条目（数百字至千字）为多。大条目全面而系统，但篇幅太大，不便读者检索查阅需要的知识；小条目易于检索，但系统性不足。我们采用以中小条目为主的编法，试图避免大、小条目主义两种倾向的缺点。

六、在全书的各学科卷内部，条目一律按汉语拼音字母顺序排列，检索甚为方便。另外，每一学科卷都有本卷全部条目的分类目录，书后还附有条目的汉字笔画索引、条目外文索引、内容分析索引。这四个检索渠道再加上正文条目按汉语拼音字顺编排，共有五种主要检索途径，对读者使用极为方便。

七、《中国大百科全书》每一学科（知识门类）卷都收有一篇总论，称为学科概观性文章。它把这一学科（知识门类）的发展历史、基本内容、与其他学科的相互关系、现代发展水平和未来趋势等做全面概括的叙述，能使一般读者迅速获得对该一学科（知识门类）的全面了解。在总论之后的条目分类目录更非外国百科全书所独有，读者借此目录不仅可以按学科体系查到自己需要的条目，迅速释疑解惑，还可以窥见本学科或知识门类的全貌，对本学科的分支和层次一目了然。

八、《中国大百科全书》十分重视知识的整体性和各知识分支间的内在联系，精心设置了完善的参见系统，使读者能向纵的和横的方向深入，触类旁通，扩大知识视野，使百科全书真正成为钻研学问的桥梁和阶梯，成为获取科学文化知识的教材。

九、《中国大百科全书》的条目，除极少必要的古籍引文为文言外，均以规范化的现代书面汉语撰写，行文力求通俗易懂，表达深入浅出，使广泛的读者都能容易阅读。

十、在许多重要条目之末，开列有参考书目，包括中外可资研读参考的重要图书。参考书目的著录项目包括：作者译者、书名、版次、出版单位、出版地点、出版时间。它使欲求深入钻研的读者可借以找到门径。这种参考书目，连同前述的种种特点，使百科全书不仅成为释疑解惑的工具，并可成为有价值的读书学习指南，使百科全书确实成为“没有围墙的大学”和“平面的图书馆”。

《中国大百科全书》的编纂问题

为了普遍提高各族人民的科学文化水平，为了进行社会主义现代化建设，为了向全世界介绍我国过去和现在各方面的情况，我国需要早日出版百科全书。不仅需要出综合性的百科全书，而且需要出各种专业性的、适合不同年龄和不同文化程度的百科全书。编百科全书，并不像编类书或丛书那样，把已有的各种各样的书籍，分门别类地加以编辑，或综述，或摘要，或收录全书。百科全书要求用科学的方法，系统地、全面地、扼要地叙述，介绍全人类自古以来所积累的各个学科、各个领域的知识，以及今天科学技术所达到的水平和最新成就。因此，百科全书不是一般地“编”出来的，而是创造性地“写”出来的。编写百科全书这样的巨著，既要注意到它的许多特点和要求，又要考虑到我国当前的需要和主客观条件，才能编好和出好。

出什么样的百科全书？

《中国大百科全书》是我国第一部现代类型的百科全书。所谓“大”，是指我们先要出一部大型的，以后还要出中型的、小型的，以及其他类型的和各种专业性的百科全书。这部大型的百科全书是综合性的、世界内容的，它包含各种学科、各个领域的基本知识。这种包罗万象、包罗古今中外内容的大型百科全书，必然卷帙浩繁，编起来费时费力。能不能先出中小型的、内容比较简单的百科全书，以应急需呢？不行。百科全书是文化事业的一项基本建设，有了一部大型的综合性百科全书，以后就可以在它的基础上编写出中型的，小型的，中学生的，儿童的，妇女的，以及各种专业性的百科全书。许多外国百科全书出版家采用这种办法。例如，苏联一九二六年开始出第一版大百科全书，一九二八年开始出小百科全书，一九五〇年开始出第二版大百科全书，一九五七年出第三版小百科全书，一九五三年出小型的百科词典（三卷本），以后再陆续出工业、农业、医学、军事等专业性的百科全书。如果不是这样，而是先从小型的开始，那么，以后要编大型的，就要重新搜集资料，重新拟定框架，重新编写，花费加倍的力量。

百科全书内容的编排方法有两种：字顺法和分类法。外国百科全书开始时有按字母顺序编排的，也有按学科分类编排的。字顺法和分类法各有好处，各国出版单位总是根据自己具体情况采取不同的编法，但后来总的趋向是按字顺编排。我们也倾向于字顺法（或者按笔画排列的方法），这样便于读者检索。不过考虑到客观形势的迫切需要，第一版《中国大百科全书》决定采用分类编排法。分类分卷编写，可以编好一个学科（一卷或数卷），就出版一个学科。否则，等到全部编写好，再按字顺编排，或者按字顺组稿，分头编写，就要等到十年八年之后才能出书。

所以采用分类编排法，还因为我国是第一次编纂百科全书，各学科的专家、学者，都是初次从事这项工作，集中力量把各学科分别编出，积累经验，为将来按字顺编排作准备，比较科学和合理。

当然，分类编排法是有缺点的，主要是各学科之间在条目上有些交叉、重复。为了弥补分类编排这个缺点，我们决定每个学科按系统把条目编写好之后，仍按拼音字顺排列出书，另在卷首刊出一篇本学科的总论，在总论之后列出本学科条目的分类目录，读者借此可以看到各个学科的全貌。再加上卷末的汉字笔画索引、外文索引和分析索引，使用起来更加方便。

分类分卷出版的另一个好处是，使用者可以根据自己的需要和爱好选购分卷，作为业务工具书和学习读物。而按字顺编排的，就非要购买全套不可，否则无法使用（因而字顺编排法的卷数应力求少些）。

要多大的部头？

现在世界各国的百科全书大多数是逐渐压缩篇幅。例如，《不列颠百科全书》最新的第十五版是三十卷，法国的《拉鲁斯大百科全书》是二十卷。《苏联大百科全书》第一版六十六卷，第二版五十一卷，第三版减为三十卷。卷数逐渐减少的原因是已出的旧版可资查阅，而且随着时代的前进，人们越来越需要简要的工具书。

百科全书开始编辑时，一般卷数都较多。例如，德国《科学艺术百科全书》在一八一八～一八八九年出了一百八十一卷。法国《分类百科全书》于一七八二～一八三二年出了一百六十六·五卷。德国《布罗克豪斯百科全书》一八九〇～一九〇七年出了八十六册。直到今天还有大部头的多卷本百科全书。例如，西班牙的《欧美插图大百科全书》自一九〇五～一九三〇年出版了七十卷主卷，接着又逐年或隔一两年出版补卷，现在已出版到一百多卷了。

然而，有些百科全书卷数不多，出版周期却不短。例如，法国拉鲁斯出版社编的《十九世纪大百科词典》，正编和补编共十七卷，从一八六五年到一八九〇年共延续了二十五年；《二十世纪大百科词典》共三十一卷，从一八八五年到一九〇二年共延续了十七年。《苏联大百科全书》第一版六十六卷，编辑周期达二十一年。能够一次编齐出版的，如美国的《不列颠百科全书》，但这也主要是在一九二九年版权和编辑工作完全从英国转移到美国之后。

各国百科全书，不论是二十卷、三十卷或五十卷，编印出版都要持续十余年，到最后出齐时，最初几卷的内容已经陈旧。这种情况，各国百科全书均不可免。原因一是全书编辑时间长，不得不陆续分卷出版；

二是百科全书印刷装订要求高，不得不拖长生产周期。为了解决这个问题，外国百科全书出版发行后，每年出版百科年鉴，以资补充。此外，美国的《不列颠百科全书》还采用连续修订法来弥补。它的第十四版连续修订了四十八年，共重印四十一次，差不多每年要重印一次。每次重印，一般是修订百分之十左右条目。

《中国大百科全书》原来设计为五十卷，但是具体编纂工作展开之后，发现应该包括的内容，五十卷容纳不下，不得不增加到七十多卷。卷数为什么会增加？除了因为我们是初次从事这项工作缺乏经验外，还有一个原因是我们的百科全书一卷是一百万～一百五十万字，而外国的百科全书以《不列颠百科全书》为例，一卷达二百五十万字（英文折合中文计算）。外国百科全书的开本比我们的大，页数也比我们的多（《中国大百科全书》每卷七百页左右，外国百科全书每卷一千多页）。以全书总字数计，我们的百科全书与《不列颠百科全书》相比是差不太多的。

谁是百科全书的读者？

综合性百科全书的读者对象主要是广泛的非专业读者，或者说，这种书主要是供专业学科以外的读者阅读和检索的。例如，《天文学》这一卷，主要是为非天文学家和广大天文爱好者提供天文学方面的基本知识。至于那些专门研究天文学的专家，则把它作为置于案头随时查检或核对资料的参考工具。因此，综合性百科全书的读者面是极为广泛的。

但是，百科全书也不是所有的人都能够毫无困难阅读的，读者必须具有一定的文化程度。《中国大百科全书》读者对象的文化程度，要求在高中或者相当于大学程度。美国《不列颠百科全书》和其他国家的综合性百科全书，一般是供十五岁以上的成年人使用的，也就是相当于高中以上程度的读者。《中国大百科全书》把深入浅出和晓畅易懂作为撰稿要求，竭力使全书适于广大的读书界阅读和查检，具有相当于大学程度的人自然是更为适宜的读者。在美国，大学生一般都把百科全书作为学习的重要辅助工具，离开百科全书，单靠教科书和讲义很难完成自己的学业。

从尽快为读者服务、为四个现代化服务的考虑出发，中国大百科全书出版社已经做出这样的安排：

一、出版《中国百科年鉴》。国外百科全书出版界的做法是，在全书出齐之后，每年出版一本补卷，把一年来全世界的政治、经济、军事、科学、文化等新情况、新成就、新进展，分门别类地收集在内。我们的办法与他们不同。为了把最新科学文化知识和信息及时提供给广大读者，决定从一九八〇年起，提前出版《中国百科年鉴》。

二、办好《百科知识》月刊。这个月刊既刊登自然科学和社会科学的各种基本知识，也登载有关百科全书的资料，发表一些试写条目，并与各界研讨编辑百科全书的方针、方法等等。

三、争取在四年内翻译出版美国《不列颠百科全书》简编十卷〔1〕，并计划编辑、翻译和改编外国一些小型的百科全书（青少年的、儿童的等等）。

---

〔1〕一九八五年出版时，定名为《简明不列颠百科全书》。——编者注

《中国大百科全书》木已成林

《中国大百科全书》的编撰

《中国大百科全书》是以马克思列宁主义和毛泽东思想为指导思想，它不是把马列主义挂在嘴上，用“语录”来生搬硬套各种事物和学术问题。辩证唯物主义、历史唯物主义就是科学的观点和方法论，毛泽东思想就是马列主义与中国的实际相结合，突出中国的特点，适合中国的国情。一句话，以“实事求是”的方法来撰写《中国大百科全书》的条目。

中华人民共和国国务院在一九七八年作出出版《中国大百科全书》的正式决定，并立即筹组以胡乔木为首的总编辑委员会，在这个委员会的领导下，专门成立了为具体进行编辑出版工作的中国大百科全书出版社。这个出版社经过调查研究，按照国务院决定中所指示的原则，拟定了编辑出版方针和计划。

《中国大百科全书》是综合性的百科全书。百科全书基本上分为两种：综合性的和专业性的。综合性的是叙述介绍各种学科和知识领域的百科全书，它应包括古今中外的一切基本知识；专业性的是以一个学科为范围，详尽介绍一个学科的全部知识。我们先编综合性的百科全书，以后再陆续编辑各种专业性的百科全书。

《中国大百科全书》采用大类分卷的编法；一个学科编为一卷或数卷，几个小学科编为一卷。编好一卷出版一卷，读者可以分卷购置，根据自己的需要购置一卷、数卷或全套。现在外国百科全书大多数是把各学科条目按照字母顺序混合编排，几卷或数十卷为一整套。《中国大百科全书》第二版准备全套按汉语拼音字母顺序混合编排，现在则是每一个学科、若干小学科合为一卷，按汉语拼音字母顺序编排。所以这样做，是为了让编成的每一卷或数卷早日与读者见面，而不是等待许多年后全书编齐再一起出版。

《中国大百科全书》初步计划出版七十五卷，共计六十个左右大小学科。所谓初步计划，是打算七十五卷出齐后，再有所增补。计划每卷收一千多个条目，一百二十万～一百五十万字，也可多到两百万字左右，全书一亿多字。

《中国大百科全书》计划用十年的时间全部出齐，即准备在中华人民共和国成立四十周年（一九八九年）时全部问世。《中国大百科全书》中的“大”字，是指在这部大百科全书之后，还准备出版小百科全书和百科词典，以及各种专业的百科全书，各种类型的百科工具书，等等。

《中国大百科全书》的结构决定以中小条目为主，大条目较少，特大条目更少。中小条目数千字数百字，大条目万字以上。世界各国百科全书的编辑方法向来有大条目主义和小条目主义之分。大条目（有长至数十万字者）有系统化的特点，但有检索不便的缺点。小条目有检索方便的优点，但有缺乏系统介绍主题内容的缺点。两者各有千秋，已斗争了百余年。二十世纪七十年代中期出版的美国《不列颠百科全书》第十五版，自称进行了一次百科全书编纂方法的“革命”。这一版共三十卷，分为三个部分：第一部分一卷，是学科目录，称为“百科类目”；第二部分十卷，都是小条目，称为“百科简编”（微观条目）；最后是十九卷“百科详编”（宏观条目）。它想通过这种方法来解决大小条目主义的矛盾（《不列颠百科全书》以往是主张大条目主义的）。一九八五年出的新版（仍为第十五版）又增加了两卷索引，压缩了详编，适当扩大了简编。可见它的编辑体例还在继续改进中。《中国大百科全书》采用中小条目为主的编纂方法，这是我们的一个特点。

《中国大百科全书》突出中国的特点，充分介绍中国的历史、地理、科学技术的发明创造、文学艺术的成就、历代重要人物、近现代工农业的生产情况；同时面向世界，除介绍第一、第二世界各国情况外，还充分介绍第三世界各国和地区的情况，这是有别于别国百科全书的地方。

《中国大百科全书》根据“实事求是”的方针，对故世和健在的人物，不论其政治态度如何，都按照他们在历史上所起的作用和在学术上的成就，或用专条，或用概述条目中提到的形式，分别上书，对台湾的事物也是如此。《中国大百科全书》为了便于读者系统学习，每一学科都在卷首有一篇总论，称为学科概观性文章，对各学科作概括的叙述。还有分类目录，可使读者对各学科的全貌获得一目了然的印象。卷末附有汉字笔画索引、外文索引、条目内容索引以及本卷简化字和繁体字的对照表。读者通过这几个渠道可以用最短的时间迅速地找到解答自己问题的条目。

已经出版的各卷

《中国大百科全书》正按照社会科学、科学技术、文学艺术、文化教育等大部类，分门别类地进行编辑。编好一卷就出版一卷，因此并不按照门类系统依次出版。平均每年要出十几卷，这是一项艰巨的任务，好在大多数卷已经编好，有的已到最后定稿发排阶段。

一九八〇年出版的《天文学》卷，是全国最著名的老一辈的天文学家主持编写的。编委会主任是南京紫金山天文台台长张钰哲，副主任是已故南京大学天文系主任戴文赛、原上海天文台台长李珩、已故原北京天文台台长程茂兰、北京天文台台长王绶琯。编委会成员有著名天文学家叶叔华、陈遵妫、邹仪新、易照华等。全书一百五十余万字，包括天文综述、天文学史、天体测量学、天体力学、理论天体物理学、天文仪器、射电天文学、空间天文学、太阳、太阳系、恒星和星际物质、星系和宇宙学等十二个方面的天文知识。此书出版后，国内外都有好评，英国学者李约瑟、美国学者道格拉斯•林都曾著文赞美。

《外国文学》为两卷，共约三百五十万字，把世界各国文学概貌作了相当全面的介绍，从各国文学史、重要作家和著名作品，到各种文学流派、团体、重要文学刊物，都分别叙述，范围遍及东西方各国，并包括阿拉伯国家、非洲和拉丁美洲各国。参加编辑的都是国内对外国文学十分熟悉和很有研究的专家学者。编委会主任是原社科院外国文学研究所所长冯至，副主任有原北京大学副校长季羡林，原外国文学所所长叶水夫。编委十余人，包括曹靖华、卞之琳、王佐良、陈嘉、叶君健、陈冰夷、戈宝权、杨宪益、朱光潜、楼适夷等，都是外国文学领域的一时之选。此书一出引起苏、美、英、法、德、日等国文学界的重视，他们想不到中国对外国文学如此熟悉，尤其不知道中国已译出这么多外国古代和现代的作品，并作了相当深入的研究。

《体育》卷是在原国家体委主任荣高棠的主持下编写的。他在体委里专门成立了办公室，把全国体院、体育团体的专家、教练和体育科研单位的专家、武术界的前辈集中到北京，多次集会讨论，集中编写。全书既反映了我国体育界的情况，也充分介绍了外国的情况。全书一百五十多万字，总论是荣高棠执笔的。

戏曲和曲艺合为一卷，以戏曲为主。全书将近一百七十万字。中国戏曲艺术的丰富多彩，历史悠久，是举世闻名的。除京剧、昆剧等大剧种外，川剧、滇剧、闽剧、豫剧、粤剧、评剧、越剧、沪剧等地方戏，最多时不下四百种，经过整理筛选，也有三百六十余种，书中都作了概括的介绍。各剧种的有代表性的剧目和著名演员都有介绍。戏剧大师梅兰芳、周信芳、程砚秋，以及许多过去的老伶工，都有专条。各剧种的当代代表人物，如张君秋、袁雪芬、红线女、常香玉等，也都立有专条。

戏曲部分的编委会主任是戏曲理论家张庚，担任副主任和编委的有赵景深、马彦祥、郭汉城、马少波、刘厚生、杨荫浏、王朝闻等专家。

曲艺部分的编委会主任是陶钝，副主任有罗扬、沈彭年、侯宝林等。对南北各地的曲艺，从历史到现状都作了系统和全面的叙述，对相声也作了充分的介绍。

环境科学是一门新学科，又是各地各部门当前面临的一项重要问题。《环境科学》卷在编辑过程中受到各方面的重视。参加编审工作的吴学周（编委会主任）、马大猷、王德铭、申葆诚、曲格平、刘天齐、刘东生等，都是这一新学科各方面的专家。全书除综论外，包括环境地学、生物学、化学、物理学、医学、工程学等方面。全书一百三十五万字。这一卷为当今各地各有关单位解决环境污染问题提供了及时的参考资料。

《纺织》卷是我国著名纺织专家、原纺织部副部长陈维稷竭尽全力主持编写的，他还撰写重要条目，精心审改稿件，因而能在短时期内编成出版。书成之后他就患病逝世，没有能亲眼看到此书出版，本卷编委和参加写稿和编辑的全体人员都十分哀痛。全书一百余万字，把中外古今有关纺织的历史、理论、机械、生产过程和产品都作了详尽的叙述，尤其是有关中国的内容，更为突出。有许多资料和图片是初次引用，颇为宝贵。《纺织》卷编委会副主任何正樟、钱宝钧、陈受之、严灏景、杜燕孙，都是我国纺织界的著名专家。

被称为中国有史以来第一部最完整的叙述法学及其一切有关律法及情况的《法学》卷，是以著名法学家张友渔、潘念之、王岷灿为首的编委会主持编写的。这一卷篇幅比其他各卷为多，达二百三十六万多字。全书包括下列几个方面：法学基础理论、宪法、刑法、民法、经济法、诉讼法、犯罪侦查学、法医学、中国法制史、中国法律思想史、外国法律思想史、国际法、国际私法、国际经济法。

另一部字数较多的是《矿冶》卷，达二百三十九万多字。《矿冶》

包括采矿、冶金两大部分。采矿部分包括采矿史、采矿工业、岩石力学、地下采煤、矿山、露天开采、井巷、矿山电气工程、特殊采矿、岩石破碎、选矿、石油开采等；冶金部分包括冶金史、冶金工业、金属学、冶金过程物理化学、有色金属冶炼、钢铁冶炼、金属加工、金属材料、金属腐蚀与防护、铁合金、冶金物料、能源、焦化、耐火材料、冶金炉等。

采矿部分由高扬文担任顾问，贺炳章为编委会主任。冶金部分由冶金专家陆达为编委会主任。

全书各卷都附有大量的图片。黑白插图之外，还有许多珍贵的彩色插图，不及备述。

百科全书是怎样选条的

百科全书是荟萃人类一切门类知识或某一门类知识的完备的工具书。百科全书作为工具书，主要是供人寻检查阅、释疑解惑的，但它又兼具教育作用，可以作为增进科学文化知识的自学读物。因为要兼顾这两种书的性质，百科全书的设计，特别是百科全书的选条就有它特殊的困难。所谓选条，就是选收什么条目和怎样设置条目。因此，应该先从百科全书的条目谈起。

百科全书的条目

工具书中，词典所收的单元是词目，是以"词"列目。百科全书的基本寻检单元则叫作条目，是某一主题完整知识的概述。百科全书选收的条目首先应该是独立的知识主题或已形成的固定概念。譬如，把教科书中的"帝国主义与战争"这个章目立为条目就不如设"帝国主义"和"战争"两个条目。其次，百科全书条目要便于寻检，同时也要便于编排。例如，把"社会主义制度必然战胜资本主义制度"这个论断作为题目可以写出很大的文章，但作为寻检单元的条目就未必会有意义。读者可能要查"社会主义"或"社会主义制度"、"资本主义"或"资本主义制度"，而不会想到有这样一个推论的条目。再其次，百科全书条目还要便于读者快速参阅。因此，雄辩滔滔的议论文、热情奔放的抒情文或夹叙夹议的文章，都不能成为百科全书的条目。

百科全书条目的构成部分有：条头（或称条目标题）、释文、插图、参考书目。条目的释文又有所谓的“三段叙述式”之说，即定性叙述—基本事实（包括重要的人、事、物和数据）—参阅资料（包括参考书目）三个部分，借以适应不同查阅者的需要。

百科全书怎样选条

选条是百科全书设计中的关键步骤。简单说，选条是寻检的逆过程，正如商店进货是销售的逆过程一样。因此就有一个原则，百科全书的设计是从寻检查阅出发，是为了寻检而选条，而不是从撰写、编辑的方便出发，也就是说选条不是为了好写和好编。正如商店进货不是为了好藏和好摆，而是为了好卖。

百科全书收什么条目和不收什么条目，首先决定于下面两种情况：

一、百科全书的类别：综合性百科全书和专业性百科全书、国际性百科全书和地域性百科全书，选收条目各有所不同；甚至分类编排的百科全书和字顺编排的百科全书选条也会有某些差异。

二、百科全书的档别（或称等别）：按照惯常分法，百科全书分为高级成年人、普通成年人、中学生（包括家庭教育用）和少年儿童读者四个档级。一部少年儿童百科全书的条目数最多不过几千条，而一部高级成年人档的百科全书条目数可达十万～二十万条。

百科全书从它最早的形态说起，选条的方法不外有三种：

一、教科书剪裁，也就是把章目、节目等作为条目，把教科书按章、节等“剪”开，再按某种顺序（例如字母顺序）编排起来。中世纪出现的工具书性质的百科全书就有这样编成的。

二、以词典作为基础来选条，把语词排除，留下一切有知识内容的词作为条目，也就是从词到概念。换句话说，是从词目中选百科全书条目。

三、在科学分类法的基础上设计选条“框架”，按知识体系选条，然后用词标引条头（可能是一个词，也可能用数个词组配）。这是现代百科全书编者通常采取的选条方法，而以前两种方法来补充和检查遗漏。

百科全书选条框架的设计

"框架"是百科全书选条和编辑的工具。设计"框架"的主要目的是为了选条。什么是框架？不妨试下一个定义：框架是以科学分类（或知识分类）为基础，根据百科全书基本性质的要求把人类知识组织成便于读者快速寻检并表示知识内在联系的条目系统。

自从中世纪培根创立科学分类法以来，就出现了在科学分类法的基础上设计百科全书框架的思想。这对于百科全书编纂技术的发展起了极大的推动作用。科学分类法是框架设计的基础，但不是框架本身。框架设计是科学分类法在百科全书编纂方面的应用，或者说是在百科全书式组织知识方面的应用。科学分类法是人，主要是科学家对客体及其关系的认识；百科全书框架是人，主要是百科全书编纂者基于上述认识，为了向读者介绍知识的方便，为了读者便捷查阅的需要而设计出来的。百科全书编者的工作就在于同学科专家紧密合作，以科学家的科学分类为基础，根据百科全书作为完备的工具书所应起的作用，研究如何把整块知识"切"成"碎块"，碎到什么程度；反过来，如何把很碎的知识组合成块，组成多大的块。总的目的是便于寻检查阅。

往往容易产生的混乱是把框架与科学分类等同起来，从而认为框架设计纯属学科专家的事情。这里不妨对学科专家与编者在编纂百科全书上的不同作用作一说明。罗马人伊西多勒斯把百科全书比作桥梁，即从普通人的文化水平向专家学者水平过渡的桥梁。这个比喻很贴切，它说明，百科全书是知识的中介物，不是"彼岸"。修筑桥梁的人和"彼岸"的人自有不同的任务，不能互相取代。学科专家是站在科学文化前沿阵地上的，他们探索和开辟未知世界的知识“资源”。为了认识对象，研究对象，他们的基本倾向是分，是区分，学科也越分越细。在学科专家眼里，任何科学分类都是不稳定的，有争论的。百科全书编者相对学科专家来说，是“后方人员”（当然，他们在研究百科全书编纂学方面也是学科专家），他们的任务是汇集、归纳和整理已有的知识。为了使读者易于接受和便于寻检，他们也像教师讲求教学法那样讲求百科全书的编纂法。汇集、归纳和整理的基本倾向是合，即把分散的知识合成一个比较稳定的大类，再分解为可供查检的条目。

框架设计的主要目的是为了选条。百科全书选条之难有三。

一、求全：所谓“全”，当然是相对的，说的是能满足适当程度读者寻检查阅的“全”。百科全书贵在全，贵在让读者不必费事到大量的书籍和工具书海洋中去查检他所需要的东西。因此，知识的疏漏是百科全书之忌。收容得全，包罗得广，就会遇到另一个难题——重复。避免遗漏和避免重复是设计框架需要高度重视的两个方面。例如，《中国大百科全书·天文学》在最初提出的初选条目中就遗漏了“微波背景辐射”“日食”“月食”等重要条目，而在设计全卷的框架时便发现了。

二、交叉：百科全书把系统知识分解为条目。各个条目之间必然存在“剪不断”的联系，这种联系弄不好会表现为大量的重复、互相打架、互不照应，结果就“理还乱”了。用框架选条，便能确定每个条目的位置，确定它的“四至”，即上下左右的疆界，可以看出其他学科分支的哪些条目与本条有关（即横的交叉焦点），从而确定各自侧重的内容。有了框架，便可以根据这些交叉关系为每个条目制定出编写提纲。

三、便查：把系统知识“切”成大大小小的条目，是百科全书便利人们查检的需要。究竟哪些学说、定理、概念，甚至名词术语应该从整体中“切”出来，“切”成多大条目才能便利人们查阅，这要在框架设计过程中决定。诸家百科全书的“切”法不同，各有千秋。所谓的“大条目主义”，舍不得牺牲完整性，尽量对一个学科和门类少“切”几

“刀”，甚至不“切”，留作一条，当然系统性好，但就个别问题查检则很不方便；所谓“小条目主义”则要把同样的学科门类条目“掏空”，留下概括性的内容作一综述，而它的细节凡能独立的均“切”成单独的小条目，这样查起来当然很方便，但系统性显然受到影响。

百科全书的框架除了是选条的工具，还是指导撰写、支配各部分之间平衡、建立参见系统的工具。最后，《中国大百科全书》为了增强百科全书的教育作用，还把框架改编为各学科、门类的分类目录，给读者一种了解知识体系和分类检索的工具。

框架设计是一个复杂的过程，而且要在以后撰写、审稿、定稿过程中不断修订和调整。框架设计工作主要包括调查研究、确定交叉结构图和编拟分类层次框架，最后形成选条总表，以至必要的修订等步骤。

为了设计框架需要调研的内容是：

一、科学分类体系。自培根以来，科学分类一向就是引起争论的课题。科学分类，或称知识分类，从来就不是绝对的。一方面它因观点的不同而分歧，另一方面它随科学的发展而变化。同一个学科，不同学派，国内国外，会有不同的分类体系。新的学科不断涌现，尤其是那些在传统学科基础上不断形成的新的综合学科。既然要用科学分类法作为百科全书选条框架的基础，那么，进行一番搜集资料，而后加以整理、分析、比较的工作就不可缺少了。

二、专业词典、百科词典以及各国百科全书中的词目和条目表。例如，《中国大百科全书•天文学》就充分地参考了《辞海》的天文学词目表和国外的天文学词典的词目。

三、各国百科全书的知识分类体系或选条框架。例如《不列颠百科全书》就有第十一版的二十四类的“大英百科分类法”和第十五版的“百科类目”（Propaedia）十大类分类法。

交叉结构图基本上是科学分类法的图解，是表现各个学科和分支的划分与交叉关系的框框。它往往是多维的，以《中国大百科全书•天文学》的交叉结构图为例，除“天文学史”外，其他各分支形成研究方法、观测手段和研究对象的三维关系。这就是说，一个分支的内容（涉及一批条目）可能与其他分支的内容交叉。

框架设计的第三步是拟定分类层次框架，也可以说就是分层选条的过程。先从上层概括条目选起，逐步深入细化，可能深到第六、七层，然后在最后平衡时加以调整，依情况把太专太狭的概念减掉或并入上层有关条目中去。

框架的修订和调整是不可避免的。要求框架设计一次完成，一劳永逸是不现实的。在组稿、撰稿和审稿过程中会发现一些意想不到的矛盾。框架的修订和调整不外是：增、减、分、合、移、改（改变条头）、参（设参见条）。

条头标引

百科全书选条是选知识主题，或者说是选概念，不像以语言中词为对象的词典那样选的是词。既然百科全书框架设计中选的是知识主题或者说概念，那么就有一个用词来标引的问题，用词标引的主题就是条目标题，简称条头（Heading）。这个标引很重要，因为它是检索工具中最重要的一环。恰如门牌与住户的关系，门牌不对头是找不到住户的。一个条目可能有上万字的释文，而用来检索这个条目的标题可能是一个词或几个词。它能不能概括（代表）这个主题或者概念，它是不是大多数人所习惯或通用的，它在编排上和检索上方便不方便，这在标引（即设计条头）时都要考虑周到。

一、选定的词和几个词的组配要能概括或代表这个概念。

二、要规范化，即标引词是人们习惯的或通用的，特别是名词要统一。

三、要根据检索的需要安排词序，必要时可用倒词序，把关键的词移到前面来。

四、简洁，尽量用最少的词标引，一般以不超过三至五个词为好。据统计，新版《不列颠百科全书》和《苏联大百科全书》用一个词标引的条头占百分之五十八，用两个词的占百分之三十二，用三个词的占百分之六～百分之七，用四个词的占百分之一～百分之二，用五个词以上的在百分之一以下。

关于“大、小条目主义”

所谓的“大条目主义”和“小条目主义”，代表着百科全书框架设计的两种倾向，与选条有很大的关系。《不列颠百科全书》第十五版是个有趣的例子。《不列颠百科全书》两百年来一向是“大条目主义”的代表，但第十五版却用分编《详编》（Macropaedia）和《简编》（Micropaedia）的办法改变了原来单纯的“大条目主义”的路线。《详编》就是“大条目篇”，十九卷收条目四千多;《简编》是“小条目篇”，十卷收条目十万多。“大条目主义”的框架多选大主题或上层次概念，把下层次的小主题内容并进大条目之内。

“小条目主义”是“社交词典”派的编法。最早的代表是德国《布罗克豪斯百科全书》。“小条目主义”是百科全书受词典编法影响的结果，百科词典的出现就是具体表现。百科全书选收条目数量增加，条目的篇幅相对缩短。除上述的《不列颠百科全书》和《布罗克豪斯百科全书》外，比较《苏联大百科全书》第二版和第三版也可以看出这一趋势。“小条目主义”的影响，表现为把知识“切”得碎些，使上下层次条目在篇幅上的悬殊小些，从而更便于现代读者快速寻检，但知识的系统性则受到影响。换句话说，作为工具书的检索性增强了，而作为自学读物的教育性减弱了。

我国第一次编现代的大型综合性百科全书，在框架设计上考虑过这两种倾向，但并未绝对地接受哪一种。我们把百科全书的选条看作是寻检的逆过程，从读者可能寻检查阅的需要出发设置条目。以《中国大百科全书·天文学》来看，选收的长条目（四千字以上）占百分之十弱，中条目（七百～四千字）占百分之三十强，短条目（七百字以下）占百分之四十五，参见条占百分之十强。

对于百科全书的编者来说，选条或者说框架设计，是一项至关重要的工作。这项工作必须在充分向参加编撰工作的专家学者说明百科全书的性质、作用和体例的情况下，与各学科领域的专家学者紧密合作，共同努力，并广泛征求各界人士的意见，不断修订，才能做好。

原载《辞书研究》1982 年第 1 期

署名：姜椿芳、金常政

百科全书条目释文的撰写

写过学术论文、专著、教材和报刊文章的许多学者，都认为给百科全书撰写条目是一个新问题。有人说容易，有人说很难。

从难与不难说起

百科全书是对人类已有知识的记述，并不是个人的创见发明，不是言人之所未言，更不是“阳春一曲”，而是常说的“述而不作”，是向普通人介绍基本知识。从这个意义上说，百科全书介绍的是“大路货”的知识，对于一位学科专家来说并不困难。撰写百科全书条目的难处，不在于写出什么高深玄妙的内容，也不在于写出惊人的独创性见解，往往倒是相反。

为百科全书撰写条目要受到较多的限制，很不自由，这是一难。首先，作者要受到选条框架的约束。每个条目都要有较严格的“四至”，写起来不能枝伸蔓延，否则就要与上下左右条目纠缠重复。上面一层条目如果写得太细，下面一层条目便无话可说。在动笔之前先要研究一下所写条目在框架中所占据的位置，据此拟定编写提纲，确定写哪些内容，舍哪些材料。条目必须在框架的背景上写，而不能看题做文章，一泻千里。百科全书的条目是互相衔接的，互相关联照应的。各种条目只能搭接（合理的重叠），不能大量重复，也不能留有空隙；其次，要受到全书体例的限制。百科全书为了便于寻检查阅，条目有一定的规范化要求。什么是必须写的，什么是不该写的，什么可以多写，什么必须少写，甚至先写什么后写什么，都有一整套的程式要求。不同的学者都要改变一下自己的写作习惯，按照百科全书的章法来写条目；最后，还要受篇幅的限制。百科全书条目有特长、长、中、短之分，每个条目在框架设计时已规定了字数。任你有怎样丰富渊博的学问，都要加以浓缩和提炼，装进一个条目的有限篇幅里。

为百科全书撰写条目要力避个人的倾向性，这是二难。百科全书在向读者介绍一个知识主题时必须公正客观地提供这个主题的基本内容、基本事实以及在这个问题上的不同观点和不同学说。撰写百科条目时不得不抑制个人的偏爱，更不能感情用事：对自己熟悉的、得意的东西就放开写，对自己不熟悉的、不喜欢的东西就避开写。让有个人学术观点的人来当知识的客观转述者，并不是一件很容易的事。

为百科全书撰写条目要在资料搜集和查对上不厌其烦，这是三难。百科全书向人们提供的是“标准”的知识，或者说是知识的“标准”。它提供的事实和数据必须经过反复核对，有根有据；它对事物的陈述不是片面偏颇之见，而是博采众家之说。因此搜集荟萃和核对勘定的工作，往往比写作本身不知要多花多少倍的力气。《中国大百科全书·天文学》的一位撰稿人为了写一个几百字的短条目而查阅了上百种的文献资料，如果没有不厌其烦的认真态度是做不到的。

为百科全书撰写条目要时刻考虑读者查阅的方便，这是四难。百科全书是供人寻检查阅的工具书，它的大多数读者是为了释疑解惑，带着问题匆匆忙忙来寻求答案或查核资料，希望在最短的时间里用最简便的方法得到某一问题的答案或某一方面的基本事实和资料。这就是百科全书条目的检索性要求，必须让读者查得到，查得快，读得容易。

撰写百科条目虽然有此四难，但只要把握住体例，有了认真的精神，则难中亦有易焉。因为撰写百科条目的难处多在技术性方面，至于条目内容，既然“由适当的人来写适当的条目”，自然是作者所最熟悉的，而且百科条目亦不要求淋漓的笔墨和华丽的辞章。

体例工作

一部篇章浩繁的大书，要求体例统一是理所当然的。百科全书是由几万乃至十余万个相对独立的条目组成的，合起来构成人类知识的整体，分开来又可以单独查阅，条目之间又互相联系，彼此照应，因而编纂中的体例工作就尤为重要。

所谓体例，就是关于体裁的规范。百科全书的体例是指导全书选条、撰写、审稿和编辑加工以至成书编辑的一整套规范要求。百科全书的体例工作指的是体例宣传、体例指导、体例控制和体例把关的工作，是贯穿于全书编撰各个阶段的大事。百科全书的体例包括：选条原则、条目撰写要求和书写格式三个方面。本文主要讨论的是百科条目的撰写体例。

百科条目的三个要素：知识性——要有扎实的、“标准”的知识；资料性——要有基本的、精确的资料；检索性——要能查得到、查得快、读得容易。三者都是靠撰写体例来保证的。

英国研究工具书的专家科里申说：“为百科全书撰写条目本身就是一种艺术，在有限的篇幅里要挤进那么多的内容，而且重要的东西一点也不能遗漏，多余的东西一点也不能保留。”他所说的“重要的东西”和“多余的东西”，其实就是撰写体例所提出的要求。百科全书的一个条目从撰写到定稿，由专家学者和编辑反反复复地修改锤炼，就是为了把“重要的东西”，即百科条目所需要的东西补齐并核对可靠；把“多余的东西”，即百科条目所不要的东西删除去掉。

什么是百科条目释文所需要的?

百科全书与词典同属于工具书。工具书是回答问题的书，不同的工具书回答不同的问题。词典的作用是对代表概念的词下定义，回答的问题基本上是“什么”（what），而百科全书则几乎要回答所谓的六个W问题（what，who，when，where，how，why）。百科全书条目为了回答这些问题，就大体上要包括下面这些必要的成分。

一、定性叙述，或者说定义加上展开：百科全书的一个条目是一个独立的概念，或者说是一个可以独立来读（或查）的知识主题。绝大部分的概念和主题都应该有一个科学的、合乎逻辑的定义。百科全书是知识的书，同词典相比有较大的篇幅用来解释事物概念，所以在规范化的定义之外有条件再把定义展开说明，把事物概念的重要的非本质属性也加以补充和解释。定性叙述是一个条目的知识性内容的主要部分，又是一个主题的知识纵深的起点，所以是百科条目不可缺少的部分，而且一定是放在条目释文的开端，可以说是“开宗明义”和“画龙点睛”。例如，《中国大百科全书·天文学》中“射电天文学”这个条目的定性叙述就很简练，也很明了：

> 通过观测天体的无线电波来研究天文现象的一门学科。由于地球大气的阻拦，从天体来的无线电波只有波长约一毫米到三十米左右的才能到达地面。迄今，绝大部分的射电天文研究都是在这个波段内进行的。

第一句话是定义，后两句是展开。也有少数条目的条头本身已能顾名思义，如“中国天文学史”条，当然也不必再勉强凑一个定义。

二、词源考证：既然百科全书的条头（代表事物概念或知识主题）是用语言中的词标引的，那么词的来源也是属于这个主题的一种知识。例如，“宇宙”条的词源只有一句话：“《淮南子·原道训》注：‘四方上下曰宇，古往今来曰宙，以喻天地。’”再诸如“雅各宾党”“形而上学”“美利奴羊毛”等条目，读者对条头标引词的来源肯定是有兴趣的。

三、历史渊源：也就是事物概念的沿革，或者说事物的“来龙”。

事物的起源和演化是同事物的性质和现状有关系的，是百科全书介绍知识的一个方面。大的条目可以用专节单设标题（如“简史”“起源”“演变”）介绍，小的条目则可一语提到，如《中国大百科全书·天文学》中“测微器”条在定性叙述之后有一句话：“1638年前后，英国天文学家加斯科因首先将测微器用在天文望远镜上。”

四、基本事实：所述知识主题涉及的重要人、事、物以及各种有关的重要数据。这是百科条目的主要内容所在，可占条目的主要篇幅。

五、参阅资料：这一类资料不是一切读者都要看的，但对于搜集资料、探寻线索和有深入钻研要求的读者则是很需要的，例如关于所述知识主题的学术争论情况、不同见解、不同观点、权威的展望、预测和评论，等等。

六、插图和图题、图注：对于综合性大百科全书来说，插图只能是释文的附属成分。插图的选用有三个条件：①能节省文字；②有助于理解释文；③本身具有知识性，如古文物，见图可以认识实物。

七、层次标题：这里指的是一个条目的下层知识主题，而不是一般文章的论述层次。层次标题像是街名和门牌，是方便查阅者迅速找到“地址”的手段。几万字的长条目最多可以设置四层标题，并在条目释文之前列出层次标题的目录。一个几万字的条目，洋洋洒洒，密密麻麻，连绵不断，是不会给查阅者带来方便的。百科条目最不宜于让读者自己去分析段落大意。

八、参考书目：是向读者提供的进一步学习所述主题可以参考的书籍线索，是百科全书开向浩瀚书籍海洋的窗口。

什么是百科条目释文所不需要的?

百科全书诚然是卷帙浩繁的大书，似乎比词典大有容纳笔墨的空间。但是人类知识如海，到现代更有“爆炸”之势。用一部书向现代读者介绍人类一切有用的知识，提供各种重要的事实资料，显然仍嫌纸短言长，非百科条目所应有者，只能割舍。下面试举数端：

一、水分。百科条目里的水分指的是空话、套话、不言自明的大实话、大道理，以至“穿靴戴帽”、文牍用语，一句话，就是一切不给人实在知识的叙述。

二、跨疆越界的内容和离题的话。百科全书的全部条目合起来形成完整的知识体系，因此总体框架设计预先决定了每个条目的核心内容和疆界。越界就会和邻条重复，离题便是多余的话。

三、作者的个人议论、褒贬、评价以至于“大批判”。百科全书并不回避对人、事、物进行评论，但一切议论和评价都必须以权威文献为依据，而且不能因作者个人的好恶决定取舍。

四、勉强引用的语录和口号。

五、“过期无效”的或不稳定内容。钻热门、赶时髦的东西往往禁不住时间的考验，是百科条目所不宜取者。

六、艺术性的描写，含蓄蕴藉，弦外之音，转弯抹角，故弄玄虚，都非百科全书体裁。百科全书应用直接明了的语言，不宜让读者到字里行间去寻找知识。

七、欧化的语句，诘屈聱牙的古文，或文白夹杂的叙述。

八、烦琐的考证和公式推导。

与编辑方针有关的几个问题

百科全书的编辑方针是全书总体设计的指导思想。全书的体例就是根据编辑方针制定的。因此百科条目的撰写自然要体现编辑方针所确定的原则。

但原则毕竟是原则，在百科条目撰写实践中，撰稿人常常提出怎样掌握这些原则的问题。

一、关于读者对象：撰写条目首先遇到的问题是深浅程度。《中国大百科全书》编辑方针确定本书“主要适于高中以上、相当于大学文化程度的广大读者使用”。百科全书的读者对象比普通读物的读者对象要复杂得多。这有两个方面的情况，一个是读者的文化程度（国外常按年龄划分），一个是读者的性质。按读者文化程度说，指的是全书知识深度的起点，也就是说这部书主要不是为这个程度以下的读者编的。但知识深度的起点不等于知识的全部纵深。百科全书应该通过条目提供这种知识纵深。因此，一般条目既有上述文化程度读者一看就懂的内容，也有提高读者知识水平的内容。百科全书是工具书。工具书读者（严格说应该叫查阅者或使用者）的需要与一般书读者的需要是很不相同的。提供给查阅者的某些知识（和资料），不可能为每一个普通浏览的读者所“一目了然”。遇到问题、经过思考而不得其解才来查阅百科全书的读者，对所查知识理解的程度显然和随便翻翻的读者不能同日而语。因此百科条目的释文一般采取“三段叙述式”，即：定性叙述—基本事实—参阅资料。这样才能满足不同读者的需要。

二、关于全、精、新：百科全书的“全”当然是相对的，是针对重要疏漏说的。就全书来说，“全”指的是包罗人类知识领域之全。“全”，并非“专”和“细”，倒是相反。因为“全”主要是靠概括达到的，同样的篇幅，内容越专越细反而难全。就一个条目来说，“全”是指一个知识主题的完整性。“精”是精确加上精练，已如前述。“新”也是相对的，是受稳定性制约的，不是竞新猎奇之“新”，也不是标新立异之“新”。

三、关于突出我国内容：《中国大百科全书》编辑方针规定：“全书要有中国的特点和风格，重视对我国历史文化遗产和科学技术成就的介绍。”百科全书本有国际性百科全书和地域性（国家性）百科全书之分。但是，任何国际性的百科全书也不免更重视反映本国的知识内容。《中国大百科全书》属于国际性的百科全书，又是为我国四个现代化服务的百科全书，它既要充分反映我国的学术知识，又要介绍外国的知识和发展。因此，百科条目的撰写，一般说应是在全人类知识的背景上较充分地介绍我国的知识内容，而不是脱离这个背景，更不是局限于我国的现状和发展水平。

《中国大百科全书》将收十万左右条目，估计参加撰写的专家学者会达到万人。万人著文撰稿合成一部整齐的大书，若是没有相应的章法和协调的努力，那是不可想象的。

原载《辞书研究》1982 年第 3 期

署名：姜椿芳、金常政

怎样编写百科全书的条目〔1〕

什么叫条目？

条目，英文叫 article，俄文叫 Клаузула，就是“文章”或“论文”的意思，也指条约中的条款。把百科全书的条目仅仅理解为论文或文章，看来不妥当，因为这个词有几个含义，在百科全书里就不能说它是文章。我们把它叫作“条目”，在日文里叫作“项目”。

百科全书的条目，虽然不是完整的文章，但它本身却有自身的完整性。关于百科全书的条目，可以打个比方：百科全书像是一架机器，它是由各种部件、零件、元件组装起来的。而机器的部件、零件和元件都是分开的，按次序把它们排列起来，有大有小，有上层次有下层次。这些部件、零件和元件就是百科全书的条目。把条目按笔画多少，按字母次序，或按内容层次系统顺序排列起来，就成为完整的知识体系。这完整的知识体系，可分可合。因此，要把条目写好，就要考虑到条目之间的相互关系和衔接。衔接起来才能成为体系，就像机器的零部件组装起来能够运转一样。否则就不成其为机器，也就是说，这部百科全书没有编好。每个条目上挂哪儿，下联何处，都该有个着落。若上挂无处，下联也无着落，这个条目就悬空了。一个条目既有其独立性，也有其相对的联系性。特别是参见条目，必须和相关的条目衔接得上。参见系统在

---

〔1〕本文是姜椿芳于一九八〇年四月八日在《中国医学百科全书》编辑委员会第二次会议上的讲话。编选时做了少量的删改。——编者注

百科全书中是个重要的成分，因为它能起到使各条目之间相互补充的作用。

为什么要有“框架”呢？有了框架才能知道上挂下联和左邻右舍的关系。有了框架就有了总的层次，写某个条目时就可以心中有数，而不是漫无边际。框架像个罗网。有一位被邀请撰写条目的作家，说他是“自投罗网”来了。到了“罗网”里，就要受到约束。像这样一位老作家，对中国文学和外国文学都很有研究，而对写百科全书条目则有“自投罗网”的感觉，说明写百科全书条目一定要受到框架的约束，一定要在框架的基础上写，并要受各种体例规范的限制。但是，框架也不是绝对一成不变的，通过主编审稿发现问题，框架也可以有所调整；编辑部加工定稿时，发现不当之处，也可能对框架作适当的更改。不过，这样的调整要十分慎重，愈是到后期愈是尽量避免轻易更改。

怎样写好百科全书的条目

百科全书有两大类：综合性百科全书和专业性百科全书。无论什么性质的百科全书，基本上都是作为工具书来编的。无论综合性百科全书还是专业性百科全书，都要考虑到便于读者检索。另一方面，百科全书又有教育作用，它也是一种读物。读，就是一个受教育的过程。亚里士多德被称为“百科全书之父”，就是因为他所编的为教育而用的书具有百科全书的这种性质。现在我们往往仅顾及百科全书的可读性，常常会忽略其检索性。其实，两者都应该照顾到。

百科全书是把各种知识和各种资料用条目的形式概括地、系统地写出来，而不能像编教科书、讲义或写专著那样，一章一节地往下写。有人说写条目只是把已有的知识加以解说，不能任抒己见，所以不是创作。这是问题的一个方面；从另一方面看，它也是创作。因为我们要把一种知识组织得好，编纂得好，要求结构严谨，文字确切，那就要花很大的功夫。文字要精练，内容要浓缩，做得像浓缩的鱼肝油那样。浓缩后的体积虽小，但包含的内容及其营养价值一点也不能减少。百科全书就是用简练的笔法，把浩繁复杂的内容写进条目里。从这个意义上看，写百科全书不能不说是一种创作。英国一位百科全书专家科里申说："为百科全书撰写条目，本身就是一种艺术。在有限的篇幅里，要挤进那么多的内容，而且，重要的东西一点也不能遗漏，多余的东西一点也不能保留。"因此，每一个条目都要按框架的要求来设置，条目之间必须互相联系。撰稿人要把条目的主题和内容要点牢牢地把握住，充分而浓集，去除水分，不要空话，更不要非知识性的感慨和议论。

编纂百科全书是一件伟大的事业，也是一门重要的学问。十八世纪的法国百科全书派用百科全书的形式宣传资产阶级的唯物主义思想，批判封建主义思想，进行启蒙运动。我们今天立志要编好百科全书，就是为了增加广大读者的知识，全面地提高中华民族的科学文化水平。中国除了医学百科全书和综合性的百科全书之外，农业百科全书也正在筹备，其他学科也在酝酿编纂专业性的百科全书。看来，中国过去没有百科全书，今后将要有一系列各种类型的百科全书，这是客观的要求。

有的专家、学者不愿意写百科全书的条目，因为百科全书的限制太多，要求太严，作者手脚受到束缚，难以发挥自己的才能。他们愿意写学术论文、专门著作和科普读物。这样，他们可以畅述自己的观点、心得、体会。著书立说，比写条目方便得多。但是由于客观的需要，尽管不合乎自己的口味，又不合乎向来的写作习惯，他们也都积极热情地参加了这项工作。他们是为了人民的需要而贡献自己的力量。百科全书是一座科学文化发展的纪念碑，把各种科学成就和知识都写到这座纪念碑上，流传下去，为这座纪念碑贡献自己学问的作者也留下了自己的名字。我国古代有许多好的文章和珍贵的文献，历经沧海桑田的变迁，多已散失，而百科全书性质的类书却把这些资料保存下来，流传至今。可见百科全书具有这样特殊的作用，而编者和作者都肩负着这项重要的历史使命。

有些年轻人看了电影，很感兴趣，就把他周围的事情也写成了电影剧本，寄到电影制片厂。制片厂经常收到许多电影剧本，但能用的却不多。这是因为电影剧本最难写，比舞台剧本还难写。舞台剧本又比小说和特写难写，因为小说和特写可以按照自己的意思去写，不受限制。可是在舞台上就那么一小块地方，要表演许多事情就有限制了，而电影剧本的限制则更多。但有些人一开始就写电影剧本，没有走基本的道路——先写特写，再写短文，然后写小说，最后才写剧本。这正好和我们的百科全书有相仿之处，它们的难易是相似的，都是限制多，所以要研究怎样才能写好它。

百科全书条目的体裁特点

写任何一篇文章都要有一个主题。同一个主题可以用不同的体裁来写。例如，同以月亮为题。文学家可以把它写成“玉盘”“冰轮”“广寒宫”。小说家会写出“嫦娥奔月”的神话故事。科学家则把它写成一篇研究月球的论文或专著。百科全书的作者写这个主题，应该比天文学家写的文章更短小精悍，并且不能用科普式的比喻。百科全书条目应有以下的体裁特点。

（一）思想性:《中国大百科全书》的编辑方针就指出以马列主义、毛泽东思想为指导思想。这不等于说必须引用他们的语录，也不等于说不提他们就不符合马列主义，而是要用他们的立场、观点和方法阐释知识。思想性表现为科学性，那就是实事求是。用辩证唯物主义和历史唯物主义的观点去写，绝不能用唯心的、非科学的观点写。我们不赞成把马列主义挂在嘴上，或把语录写在文章的开头，而是要将马列主义的观点贯穿在条目之中。对于那些唯心主义的东西，要说明历史情况，原始的认识怎么样，中世纪怎么样，到以后又怎么样，这就是实事求是。

（二）汇编性：汇编性就是把一切已有的知识，人或事，都汇集起来写成一个条目，也就是把人类长期积累的知识和经过历史考验得到的定评，把各方面的意见、情况汇集起来，不轻易地取一家之言，要博采众家之说。不限于写自己的观点、心得、结论，而是将不同的观点摆出来，让读者知道在这个问题上有多少知识，有多少不同的观点。假如请陈景润写“哥德巴赫猜想”这一条，最后自然也应把他自己的成果写进去，因为那是得到公认的。作者不能因为谦虚而回避写自己的成就和观点。所谓把自己撇开客观去写，不等于说把自己的观点一概否定。如果自己的观点是大家所赞成的，那就要把它写进去。这个谦虚是有原则的。

中国过去的类书是广征博引各方面文献编成的。西方早期的百科全书也是剪裁一些教科书上的材料。我们今天取材可不能随便剪裁一下，而是要经过研究、考察，决定取舍后有选择地采用。希望我们的百科全书不是照抄、硬搬人家的。人家的材料可供参考，所谓“采众家之说”，是要经过消化之后用自己的语言写出来。

（三）客观性：不要主观的推论和推测，不要大批判。尽量少用“也许”“可能”“如果”等这些虚拟语句或假定句。条目介绍知识总得有个判断，有褒有贬，要详细查阅历史上的论断。哥白尼、伽利略都是伟大的天文学家，历史上已有定评，在他们名字前面冠以“伟大”二字就是褒。一般情况下，不要轻易地给某些人物加上“伟大”之类的字眼。如果许多人物都伟大，那么“伟大”也就不伟大了。更不要像“四人帮”那样，给人家戴上“反动资产阶级学者”“反动学术权威”之类的帽子。总之，我们不能轻易地使用褒贬的字眼。英国百科全书家科里申说过，撰稿人只是提出事实，让读者自己去判断，让他们自己去作结论。百科全书就应该这样，个人的好恶，个人所熟悉的、陌生的、赞成的、反对的，都不要影响撰写条目。

（四）“新”与“稳”的矛盾：我们不是写新闻报道或情报资料，

不能把一切最新的东西统统写进条目里，而是要经过考察，把那些取得了学术界肯定的东西写进去。例如，耳朵认字、手也能认字等现象，且不急于写进百科全书，需要再看看，需要弄清机制。医学上这类问题就更多，某一病症，某种药物，某种医疗方法，假如尚不肯定，没有经过实践的检验，没有经过更多人的公认，也不宜轻易写进去。有关新设备、仪器的条目，要注意外国广告和说明书上的商业宣传，不可轻易尽信。

（五）概括性：经过提炼、浓缩后的资料，应成为扎扎实实的知识。撰写百科全书条目，要用概括叙述的方法，不用艺术铺陈的手法，更忌哗众取宠，要用朴素的语言把事实说清楚。基本事实要有确切的资料依据。

（六）系统性：百科全书条目不是资料的随便凑合和堆砌，要形成一个主题的完整体系。掌握材料之后，分层次、有条理地系统叙述，避免重要的遗漏。一个主题的知识要有清楚的来龙去脉。

（七）学术性：学术性不是求深奥和求专细，写得让人看不懂而不堪卒读，而在于所写的历史的、现代的知识事实精确，材料丰富。有的作者为求学术性而故意大量使用公式、推导，结果条目写得艰涩难懂，好像这样就深了，其实恰恰离开了百科全书的要求。英国百科全书家科里申说：“百科全书家就是要在渊深的学问与简单的头脑之间找到适当的中介。”这说明了学术性与深浅之间的关系：既要有学术深度，又要照顾到广大读者的水平；让学识水平低一些的人读了得到提高，让学识水平高一些的人觉得有查阅参考的价值。不过，作为专业性百科全书的《中国医学百科全书》还是应该比综合性百科全书要求的深度大一些，而且内容更全一些。一位美国的工具书专家萨尔顿说：“聪明的人经常查阅百科全书；自满的人轻蔑忽视百科全书；愚蠢的人过分依靠百科全书。”正如鲁迅先生讲过的一句话：“博学家必浅，专门家必悖。”这就是说，百科全书既不要以庞杂广博为满足，又不能以专深无度为追求。它要有科学性，也就是要实事求是，深浅适度。

（八）趣味性：百科全书并不排除趣味性，但它不需要艺术夸张手段，不需要奇特的譬喻，而要用客观真实存在的丰富的事实给读者以知识，引人入胜，激起人们求知的兴趣。这就是百科全书的知识趣味性。

（九）百科文体：百科全书条目采用的是一种平易的说明文体：严谨、朴实、简洁、明白、通畅。它不用什么惊人之笔，忌讳华而不实，不要穿靴戴帽，因为这一切并非知识。

条目的撰写程式

百科全书是完备的工具书，不像词典主要是回答“什么”（what）。它还要回答“何地”（where），“何时”（when），“如何”（how），“为什么”（why）等问题。条目释文的一开始就要有概括性的定性叙述，比词典的释义更加扩展。如果是长条目，还要把释文中的小标题列出目录，使读者未读条目之前就先对其内容一目了然。

（一）定性叙述：是给读者提供一个基本概念性的解释，可比词典的释义写得舒展一些。

（二）词源知识：说明条头词的来源。例如“百科全书”一词是从英文 encyclopedia 译过来的，源于希腊文。en 是完全的意思，cyclo 是圆圈，pedia 是教育，合起来的意思就是：“全部知识尽在其中了。”有些医学名词来自拉丁文，有意思可考的也应该给以说明。

（三）历史沿革：要把起源和发展脉络讲清楚，也就是事物的“来龙”。

（四）核心内容：要叙述现在已取得的水平、成果、作用、意义。这是条目释文中的重点，字数应该多一点，事实、数据要充分和精确可靠。

（五）展望：对于发展前途不能主观臆测，而是引述世界上公认的权威性的推测和结论。

这样五个方面的程式，长条目理应采用，小条目则不一定项项俱全。在释文中引用外文书时，凡在中国已有译本的就用原译文。在条目释文之后所列的参考书目，中外文著录项目都要写全。

还有图片问题，插图和文字一定要紧密配合。写稿时要注意选用适当的图片，注明出处，填表送交编辑部，由美术编辑安排绘制或拍摄。

关于索引编制

索引可以帮助读者查到条目释文内未加标引的材料。百科全书的索引，好像是仓库的钥匙，可用以打开知识之门。索引选题的方法是在条目释文中选出具有独立意义的概念、事实、数据、人名、书名、术语等，制成卡片，整理后排列起来，编为主题分析索引。例如，有许多科学家、作家，在百科全书中并未设置专条加以介绍，而在一些有关的条目释文中提到了他们，这就可以从索引中查到。因此，分析索引愈周密，对读者就愈方便。综合性百科全书一卷中如有一千个条目，那么索引标题大约就有五千条，大致是一比五的比例。专业性百科全书的索引量自然又有所不同，不限于这一比例。索引的编制工作最好从编辑工作一开始就着手，就安排专人负责，以期书编好了，索引也完成了。把索引标题按字母顺序或笔画多少编排起来，最后排上页码就行了。各卷的索引可成为全书总索引的基础。若等书编好再做索引，那就要延长出书的时间了。

关于改稿的问题

英国一位百科全书的总编辑来到中国，他在座谈会上讲了一件颇多体验的事情。他说，百科全书编辑部与各学科撰稿人之间存在着一种“斗争”的关系。编辑部老是拿着一个框架或一个“网”去限制作者，而作者却总是想按照自己的意思写稿。结果不是字数多了，就是越了界，写到别人的条目里去了。他说编好百科全书就是编者与作者不断“斗争”的结果。编者向作者“进攻”，作者向编者“反攻”，几个回合下来才能有一种共同认识，而最后改成的百科全书条目才能为双方所基本满意。

编者是不是不懂科学偏要人家就范呢？这也不是，他是从百科全书的性质和要求出发。一个人的四肢五官都要匀称才正常，否则就是畸形。假如百科全书某部分写得长一点、短一点、详细点、简单点，这就不能互相配合，就如同一个人的鼻子大了，耳朵小了，左臂长了，右腿短了，结果成了畸形。百科全书若不从全局考虑，就无法编好。因此，编者与作者之间经常要进行“斗争”，甚至很不愉快，当然最后还是解决了问题，皆大欢喜。不久前，美国《国际高等教育百科全书》的总编辑来京，她说她很高兴，不论走到哪里，遇到百科全书同行一谈，对编书的甘苦大家都有同感。她说：“有些科学家写出来的条目并不符合我们的要求，有的人文字上也不行。你不能说他没有学问，也不能说他写作能力很差，但就是写得不合乎要求。改了他的稿子，他就不高兴。经过多次反复讨论，做了一些必要的内容删改和文字修饰，还是能取得一致意见，大家也就心情舒畅了。”写稿的人不要因为编者改了他的稿子而生气，编辑也不要轻易地随便改动，而是要根据全书的体例要求，找到最适当的表达形式，即百科式的表达形式。经过几度修改之后，取得一个合乎体例要求、保证内容正确、深浅程度适宜的写法。这一过程是必不可少的。中国第一次编百科全书，这方面经验还很少。在写稿之前，把这些情况提出来，讲清楚，问题可能就解决了一半。大家都有个精神准备，并不是对作者不尊重，只是因为百科全书有它的特殊要求。

（一）主编定稿：主编或副主编有定稿的责任，这一点从一开始就应明确。百科全书主要是供人检索知识的工具书，但也不能降低它的教育作用，要强调二者不能偏废。主编或副主编审稿时，要注意内容与体例两方面的问题。对于两方面有问题的稿件，应指明问题所在，如何修改，或共同商改，或将稿子退给原作者修改。主编或副主编不仅要在学术内容上定稿，还要在体例和文字上把关。

（二）学科编辑加工：这是一个相当繁复的工作过程。编辑加工包括文字修改、事实数据核对、学术名词统一、人名地名统一。我们的经验是搞文字修辞的编辑要少而精。所谓文字加工是指对不通顺的地方、不合语法和逻辑的地方、某些水分多的地方进行文字处理。

（三）质量问题：质量第一，好中求快。在编书过程中，要掌握住在什么阶段可以快一些，而不至于影响质量。待我们出书后，读者总会有这样或那样的意见的。最好在出版之前，想尽办法把问题消灭掉。在战略上，我们相信百科全书一定能编出来，而且一定能编好；在战术上，我们则一定要战战兢兢，如履薄冰，严格要求。

各学科、各分卷可以有不同的做法，但要殊途同归。但是有一点不可变更，就是体例要统一，规范要统一，方针要统一。如果在这些方面不统一，编出来的书就不是一部合格的百科全书。一部百科全书是一个整体，不能各卷各行其是，可以求大同而存小异。

（四）撰稿人数：经验证明，一卷书一百多万字，有一千左右条目，由大约一百位撰稿人撰写比较合适。人多了太分散，规范难以控制，不易统一。实践中往往有个错误想法，以为铺得开是走群众路线，大家都有份，人人都满意。但是学术性的书，靠“人海战术”来编是不行的，还是要靠一部分比较有专门知识又有写作能力的人来写。

（五）条目篇幅：框架中规定的条目字数不等于板上钉钉，只要能把条目写好，字数不是不可以有点伸缩性的。在长短的问题上，要防止一种倾向，那就是让，让给别的卷去写。比如，我们《中国历史》卷中有一条“司马迁”，定了一个短条。司马迁本是一位大历史学家，当然也是文学家。把这样的人物条目让给《中国文学》卷去展开，在《中国历史》卷仅留个短条是不适宜的。再如，《中国历史》卷原来未列“朱熹”的专条。他是位理学家，在历史上起过很大的作用，固然有反面的作用，但讲历史不提朱熹这个人，把他让给《哲学》卷去写，就使《中国历史》卷失去了完整性。同一主题条目，在不同卷中可以有所侧重，有所伸缩。

（六）重复问题：据说，《中国医学百科全书》泌尿外科分卷有百分之二十条目与其他分卷交叉重复。编写组是以各有侧重的方式来解决交叉问题的，这就很好。采取分科分卷的编法，每个学科的分卷都有它独立完整的体系。读者买一本书，自有求全之心，所以每个分卷都应该注意到它的相对完整性和相对独立性。

中国的百科全书应该有所创造，有所前进。世界各国的许多家现代百科全书中，以我们的百科全书起步最晚。人家的优点，我们应该吸收；人家的缺点，我们要避免。要多看一些外国资料，摸索经验。我们的书应该有中国自己的特点。《中国医学百科全书》中的祖国医学，就有我们的民族特点，中国的西医也有中国的特点。

日本报纸上的一篇文章说：中国百科全书是向世界百科全书挑战。这是因为我们有概括古今中外的气魄。名声一传出去，就一定要把书编好，要有所前进才行。外国百科全书中关于第三世界的材料介绍得比较少，我们就更重视这方面的内容，这也是我们书的特点之一。

百科全书与资料工作

编辑百科全书，这在中国是第一次。在这一开创性的工作迫在眉睫的时候，没有前车之鉴，固然需要一番艰苦的探索，然而，备感困难的，却是知识领域的现成资料。

资料的积累，需要时间，需要做大量繁杂、琐细的搜集、鉴别、分类工作，需要有长远的眼光和脚踏实地的精神。事实上，中国历代有编辑类书的传统，古老一点的，是从西周起就把前代典章制度、文献训诂尽数汇编，称为《尔雅》的巨著。三国魏文帝（曹丕）敕令编撰的《皇览》（卷帙浩繁达八百万字），是中国第一部完整的类书。以后，历代都有编纂。编纂的方法也多种多样，或者是比较有作为的皇帝下令组织饱学之士编撰，或者是颇有抱负的文人自己广收博引，别出心裁地辑采。从魏至清朝，中国竟编辑了大小类书将近四百种（部分散失了），对卷帙浩繁的资料进行了高度的概括，详细的分类，完成了学术性很高的资料分析与编辑工作。其中许多类书保存了后来散佚的不少书籍中的内容，后人是靠类书摘抄下来的文章得知古人的思想和活动的。在将近两千年的时间里，编出了这么多的类书，真是世界各国绝无仅有的盛事，也是中国人足以骄矜的。因此，现在我们必须补做这一工作。

百科全书的编辑工作，在资料方面遇到了很大的困难，因此必须大力加强资料工作。这项工作的必要性已经有许多事例可以证明。

从这一点来说，中国有研究和保存资料的优良传统。遗憾的是中国资产阶级失去了古人的好传统，在半殖民地半封建的一百多年中，没有建造什么足资现代人享用的资料宝库。然而，历代的“类书”，只是摘录、摭拾、转述、选辑前人著述中的事物、词章，已见于旧有书籍中的知识、纪事。它不包括调查研究到的当代新事物，更没有搜罗世界各国的最新情况和成就。而现代百科全书的内容以及编辑方法与类书有很大的不同。它所需要的是全面的、详细的、确实的、具有现代最新情况的材料。

建国以来各系统的有关单位虽重视这个问题，也采取了一系列的措施，但是，资料的搜集、整理、印行，是十分繁重、复杂、艰巨的，非一朝一夕所能见效。而三十五年的风风雨雨，也使得资料工作颇多曲折，常有间歇。十年动乱期间，岂止是间歇，有些破坏是十分惨痛的。保存了几千年的资料，几天之内被毁灭了。上海图书馆保存的大批文献资料，包括许多手稿和历代名医保存的病案和药方，共达四十万斤，竟被视为“四旧”，一把火烧得精光！这种毁坏是无法用金钱估计的，是无可挽回的。

现在，资料工作者在劫后余灰中重振故业，振故布新又是需要相当长的时间的。

我们就是在这样一个基础上编纂大百科全书的。我们需要全面的、大量翔实的资料。怎么办呢？不能守株待兔，只有做调查研究、搜集新旧资料，在工作中积累资料。

百科全书的编写，要动员全国各个学科、各个领域的专家学者来参加，依靠各个学科和领域的专家学者撰写千千万万的条目（全书六十多个学科，暂定七十五卷，每卷一百五十万～一百六十万字，约十万个条目，共计在一亿字以上）。作者各自寻找自己必需的资料，在编写过程中积累这些资料。也就是说，围绕编纂百科全书而进行的资料工作，是由分散在全国许多地方的不同机构和个人分头完成的。现在参加中国大百科全书编辑工作的，已有一万四千～一万五千人，到一九八九年完成时将达到两万余人。这两万多名专家、学者和辅助人员，组成了一支相当庞大的资料工作的队伍。

大百科全书出版社为了组织编写、编辑、印刷出版，也配备了一个包括排印工人在内的队伍，在这支队伍中，专门从事资料工作的，还只有几十人。这支队伍要把各方面专家编写出来的百科条目，从浩如烟海的资料中找对口的材料进行核对（学术名词、人名地名、事实、数据、人物生卒年、社团、报刊名称、引据的原书和参考书目等等）。为了进行核对和统一口径的工作，必须自行建立资料库，首先是分类的卡片库。

卡片有自己制作的，有抄写别的单位的。卡片的数量不是以千计、以万计，随着工作的发展将以十万、百万计。为了适应工作需要，惯于手工操作的大百科全书出版社的资料室，购置了电子计算机，拟用电脑来储存各种卡片上的各种资料。现在正请有关单位的专家协助我们建立电子计算机系统。

百科全书是以各学科、各知识领域的基本知识写成的，以条目为基础，加上它的参见系统、参考书目，再加上它的学科条目分类目录、中外文对照索引、内容索引等等（一般索引条目为学科条目的五倍）。大百科全书本身就是一整套的资料，是一个相当完整的资料库（百科全书要求把人类的、自古至今的一切知识用浓缩的形式，全部简明扼要地编写在内）。有人说，图书馆是立体的百科全书，百科全书是平面的图书馆。这话不无道理。

应该指出，编纂百科全书必须充分利用中外古今所有的资料库。百科全书有两大类，综合的和专业的。根据这一特点，资料工作的组织和管理、分类和应用，有必要互相配合，互相依赖。

资料工作当然不是专为百科全书而设，也不是专为百科全书服务，它是为全人类的一切事业服务的，包括为工农业生产、军事国防、科学技术、文学艺术、集体、个人生活服务。人类的知识信息愈来愈多，发展得愈来愈迅速，人们的脑子容纳不了这许多知识，也来不及学习这许多知识，甚至来不及掌握最需要的知识。人类自己在不断创造知识，用这种或那种角度来叙述和阐发这些知识。无数的学术论文，都是有所阐发、有所发展、有所发现、有所发明的。这些文章和论文，每分钟、每秒钟都有发表和发现。世界上一天所出现的新观点、新见解，任何人一生也不能完全掌握。人类的知识已经膨胀到“爆炸”的程度。由此看来，资料工作的重要性和艰巨性就显现出来了。要像编百科全书那样，分门别类地、巨细无遗地、简繁有致地把资料工作做好，做到真正能为人类的一切事业服务，的确很不容易。

为了做好资料工作，人们已经采用了现代的科学技术，用电脑来储存无尽的知识和资料。先存储，再编程序，保证检索，通过卫星传播，通过电子计算机联机在整个地球范围内互通有无，互相补充。人类已经发展到充分利用信息来生活和发展的时代，而所有这一切，都要以做好资料信息工作为基础，所以资料工作是一项很有意义、很有价值的工作。

百科全书的编辑工作，是许多资料工作中的一部分，甚至是一个很小的部分，但百科全书的编辑方法，是可供其他部门资料工作参考的。

百科全书是你的良师益友

唐朝诗人李白在一首诗里说："天生我材必有用。"其实，天生之材还只是原材料，是坯子，要"有用"必须学习。

学问的门类很多，自然科学、社会科学、文学艺术等等，细分起来，更是门类繁多。自学者面对浩如烟海的古今中外知识，只有找到了门径，才能登堂入室，扶梯直上。那么，怎么才能找到门径呢？我看，不妨借助于百科全书。

西方国家把百科全书称为"没有围墙的大学"，意思是说，百科全书的内容包罗万象，像综合大学一样，而它又没有围墙，愿进去听课的人，都不妨"进"去试试。

自从法国的大学问家狄德罗在十八世纪中叶编辑出版了法国《百科全书》以来，编辑出版百科全书已经有二百多年的历史。世界上不少国家都编辑出版了百科全书，有些国家近年来出版了十几种、甚至几十种。中国历代不断地出版"类书"，这也是百科全书类型的书，只是它们的内容只包括旧有书籍的资料，没有新的知识。现代意义的百科全书，中国还没有出过；过去七八十年，出版界也曾屡次试编，都没有成功。

我国一九七八年开始筹备出版《中国大百科全书》，现在有的出版社在编辑青少年的综合性百科全书。另外，还有专业性百科全书，如医学百科全书、农业百科全书等，也在编辑过程中。近年中国出版界出现了一个编辑出版百科全书的热潮，为读书界提供了前所未有的大量学术性读物。

百科全书不是一般的读物，在更大的意义上是工具书。或者说，百科全书即是释疑解惑的工具书。它把学科和知识，分门别类地加以分制，每一个学科分制成十几个、数十个分支，每个分支又分成若干个小分支，每一个小分支包括几十个到几百个条目，条目又分成长中短几种，每个条目从几百字到几万字，把各种知识的最基本的内容简单扼要地写出来，竭力浓缩，凡是必要的知识，一条也不遗漏，凡是不必要的，一条也不收。读者从分类目录中可以看到本学科的全貌、学科系统和层次及查到内容连贯的条目释文。我们说：读者可以把百科全书当作系统性的教本用，就是指的这一点。另外每一个重要条目的后面都附有参考书目，因为条目只介绍基本知识，是入门的东西，要加深研究，还要靠专业的著作。这样，百科全书还可以作为自学的教材，知识的范围很广，可用的书籍很多，自学者不可能置备太多的书。但置备了百科全书，就好像在自己的案头设立了一个平面的图书馆。

有的小青年对这套大部头书有畏惧心理，认为非有高中以上文化程度的人才能使用它。其实，即使低于高中文化程度的人，只要有一定的语文水平，至多借助于字典或部分参考书，也还是可以读下来的。

可以说，使用百科全书是自学成才者的一条捷径。百科全书是自学者的良师益友。

原载《自学》1984 年第 1 期

文字改革和百科全书〔1〕

中国在古代就有大型的类书，但是那跟百科全书的性质不同。百科全书是人类知识的总汇，它扼要地综述人类的知识和历史，指引人们迅速找到各部类和各项目的知识门径。现代百科全书是十八世纪中叶创始于西欧的。当时的西欧已经走出了封建而黑暗的中世纪，正在迅速向新兴的资本主义前进。产业革命和生产的大发展，使广大的知识分子要求更多的知识。适应知识需求的大量增长，有知识启蒙性质的现代百科全书于是出世了。

第二次世界大战以后，第二次产业革命的科技大发展，使知识的积累更加迅速，知识的需求更加迫切，于是指引知识门径的百科全书更加被重视了。许多国家争相出版百科全书，种类繁多，内容新颖，着重反映科技和文化的最新成就。经过多年的不断改进，百科全书成为人类社会现代化不可缺少的指南。

在中国共产党十一届三中全会指导思想的指引下，在粉碎“四人帮”之后仅仅第四个年头，中国有史以来第一部现代百科全书《中国大百科全书》的最初一卷《天文学》出版了。全书总共七十卷，每卷包括插图一百五十万字，计划十年出齐。

文字改革的目的是促进中国的现代化。出版百科全书的目的也是促进中国的现代化。我们是同一条战线上向着同一方向前进的战士！

——

〔1〕本文是姜椿芳于一九八一年七月十三～二十日在哈尔滨召开的全国高等院校文字改革学会上的讲话。编选时做了适当删改。——编者注

我们的关系不仅是方向一致，《中国大百科全书》还直接应用了文字改革的成果。我要郑重地告诉各位，全部《中国大百科全书》的正文都是按照汉语拼音字母顺序排列的，每一条汉字条目的上面都注明汉语拼音，还有“内容索引”，也是按照汉语拼音字母排列的。我国法定的“汉语拼音方案”是现代化的设计，我们利用这一设计使《中国大百科全书》实现编排和索引的现代化。

对一部百科全书来说，条目如何编排，索引如何编订，是一项重要工作。采用现代化的编排和索引技术，不是随便决定的，而是经过了反复研究然后实行的。这里简单地说一下我们的经验。

开始我们也考虑过采用传统的“部首·笔画·字数”排列法。新版《辞海》就是用的这种排列法。方法是：第一工序按部首排列条目汉字；第二工序按笔画数排列同部首的汉字；第三工序按条目字数多少排列条目。这一方法的缺点是：一、部首多少没有标准（新版《辞海》部首表中列二百八十二部，实际二百五十部；《新华字典》部首目录列一百八十九部，实际一百八十八部），同一个字往往可以归入几个不同的部。二、笔画数有不同的算法，汉字简化使笔画数有了变化，排列要跟着改变。三、按字数多少排列，使同源条目不能集合在一起，只能隔开排在不同的地方。例如，新版《辞海》中“马克思”排在第二五八八页，“马克思主义”排在第二六〇二页，中间隔着“马耳他时报”等条目；“马克思主义哲学”排在第二六〇六页，中间又隔着“马克西米连一世”等条目。同源条目隔开排列，对读者来说是极不方便的。“部首·笔数·字数”排列法用于卷数较少的辞书还可以，用于七十卷分十年出齐的百科全书，就太不理想了。

于是我们考虑采用“音序同字头归类”的排列法。《现代汉语词典》就是用的这种排列法。方法是：第一工序按照拼音字母顺序把条目的第一个汉字（所谓“条头”）排在一起；第二工序把“条头”相同的条目再排在一起；第三工序把同“条头”条目按拼音字母顺序排列。这一方法的缺点是：开头和末尾用音序，中间用形序，而同一音节的同音汉字没有一定的排列次序（《现代汉语词典》和《新华字典》就很不相同）。

研究了各种不同的排列方法以后，我们最后决定采用“单一的全条目音序排列法”。复杂的、多层次的排列法不利于读者。“单一的”排列法利多而弊少，比较理想。“全条目音序排列法”不仅使同源条目集合在一起，而且几乎没有“重码”和“两可”的问题。对排列和检查两方面来说，这是效率最高的方法，符合排检技术现代化的要求。

当然，“单一的全条目音序排列法”也不是没有缺点的。第一个缺点是今天年纪较大的读者有许多不懂汉语拼音。只能用汉字笔画索引来补充。现在每年学习汉语拼音的小学生和成年学员有两千万以上。十年以后《中国大百科全书》出齐的时候，具备汉语拼音常识的读者必然大大增加。他们是百科全书的主要读者。第二个缺点是条目中有外国的人名和地名，外文拼写法跟音译汉字的注音法不一致。例如 Russell 译成“罗素”，而“罗素”的注音是 Luosu，这样的矛盾只能用“两见”的索引法来解决。

限于时间，我只作如上的简单说明。我们的实践证明，汉语拼音字母对排检法和索引法有最佳的功能。对《中国大百科全书》适用的排检法，在电子计算机的检索技术上也一定适用，而且一定会发挥更好的功能。浩如烟海的文献资料，如果没有高效率的现代化检索渠道，人们就只能望洋兴叹了。检索系统是文献资料的钥匙，而汉语拼音字母又是检索系统的钥匙。这一点，在编辑《中国大百科全书》的实践中，我们得到了深刻的体会。

在结束发言之前，我要提出一个请求，请在座各位高等院校的汉语和外语教师们，对《中国大百科全书》的《语言文字》这一卷，大力支持，密切合作，使这一卷能够以较快的速度和较高的质量，在我国现代化的文化事业中作出贡献[1]。我相信各位一定会愉快地接受我的请求的。

〔1〕《中国大百科全书·语言文字》于一九八八年二月出版。——编者注

我们的编法和客观性问题〔1〕

关于《中国大百科全书》的设想、要求，已在不同场合以及几种报刊、杂志上作过一些介绍，不多谈了。现在主要介绍一下目前需要做的工作。

《中国大百科全书》的规模和编排方式

百科全书在我国是第一次搞。过去我国只出版过一些介绍各科常识的篇幅不大的百科全书类型的书。《辞海》也还是辞书性质，其中有关的社会科学、自然科学也都只是词目，限于解释名词。现在我们除了编写综合性的大型百科全书外，还将编写小型的和专科性的百科全书。我国过去没有出版过现代意义的综合性百科全书，所以我们开始搞的第一部不得不稍微详细一点，篇幅多一点。目前世界各国综合性百科全书的倾向是逐渐减少篇幅，一般约二十～三十卷；而早期则是五十～六十卷。他们之所以这样减少篇幅，是因为他们的百科全书已有较长历史，出版过很多版，例如《不列颠百科全书》已出到第十五版，已有不少详细的条目，新版可以大加压缩，而重点介绍最新知识。初步设想我们的《全书》共六十卷，另加索引两卷，每卷一百万字左右，这样六十二卷就要六千多万字。但进入具体工作后，又觉不够，有膨胀的趋势。例如

〔1〕本文是姜椿芳一九七九年三月十二日在《中国大百科全书·物理学》编委会座谈会上的讲话；周家骝、楼遂整理，文中小标题为整理者所加。——编者注

索引二卷能不能打住，还要实践；物理学原定二卷，现在不行，要增加一卷力学，变成了三卷。这样，恐怕六十卷就不够了。

外国百科全书绝大部分都是按字母顺序排列的，原因是学科之间的交叉多，边沿学科多，采用字顺排列，这些问题比较容易解决。当然编写时还是按学科分别进行，编好后才打散，按字顺排列。我们的百科全书采取这种编排方式，当然方便得多，但这样一来就会旷日持久，要六十卷的各科内容全部编好之后才能排列，短时间之内不可能出书。如果按学科分类分卷编写，而一个学科中的条目则按字顺排列，编好一卷就出一卷，这样可以早一些陆续把书印出来，可以对实现四个现代化作出自己的贡献。华国锋同志提出要尽快提高全民族的科学文化水平，这样，《中国大百科全书》自然应该快编快出才是。

《中国大百科全书》的编辑出版是客观上的需要

世界各国大都出版百科全书，且有的国家还不止一种。不同国家、不同出版社所出版的百科全书，性质不同，特点各异，或者在不同方面有所侧重，有综合性的、专科性的，甚至有学龄前儿童用的、妇女用的百科全书，等等。我国虽有《辞海》这样的辞书，但更需要有一部综合性的百科全书。

北京图书馆备有大多数国家的一些主要百科全书，可是没有中国的百科全书。联合国图书馆也没有中国的百科全书。这样对我国的看法是有影响的。因此，从国内国外各方面看，都需要快些编辑出版我们的大百科全书。

出版《中国大百科全书》是历史潮流，客观需要。“快”是一个要求，但怎样编辑却是首先要解决的问题。现在世界各国的百科全书大都是按字母顺序排列条目。我国是初次编，有必要先按学科分卷出版。分科分卷出，各学科之间的交叉很多，还有一些边沿学科如何安排，怎样解决好这些问题，费时、费力；而且这种编排本身就不是很科学的，做起来总是困难重重。但我们不得不走这条路，一方面因为我们过去没有出过这样的书，无所依据，为读者着想，分科分卷比较适合；再者为早日出版，可以编好一卷出一卷，不必等到全部编好再按字顺排列，从而提前和读者见面。

我们原来的设想与现在的情况有些不同。原来设想各门学科可以有一卷、二卷等等，比如生物学，可以先出一卷植物学，再出一卷动物学等等。但生物学的总论放在什么地方呢，而总论又是需要的。又如文学，如果搞一卷中国文学，搞一卷外国文学，但总论放在中国文学还是外国文学里，就是难以解决的问题。中国文学还分少数民族文学、民间文学、儿童文学，外国文学也要这样做。总论中要讲浪漫主义、现实主义，这些提法中国过去都没有，是从外国介绍进来的，中国文学和外国文学不能截然分开。这样就又回到原来的出发点，就是要先把中外文学全部编好，再把条目打散按字母顺序排列。生物学也要先把各分支学科全部编好，再把条目打散排列。物理学看来也得走这条路。今天请物理学家在这里讨论一下，物理学究竟分几卷才合适，是否不以分支学科分卷，而是浑然一体，按字顺排列。我们设想每一学科的开头要有个总论，让读者对这门学科得到一个概貌。然后是分类目录，使读者对于本学科有更进一步的全面了解。以后才是主体——按字顺排列的条目，最后附以几种索引。应该有一个汉字笔画的索引，因为有些读者由于口音不同或不习惯汉语拼音，他们使用汉字笔画索引比较方便。有些人习惯用四角号码检字法，也考虑加一个四角号码的索引。还有分析索引，特别是对于长条目中叙述到的许多问题，更需要有一个分析索引，供读者寻检。百科全书要方便广大读者的使用，有了这些索引，读者就可以很容易查到他所需要的条目。为了查阅方便，在长、中条目的释文中还应有适当的小标题，在条目开头先来个目录。

《中国大百科全书》的性质、特点和要求

外国百科全书常常报道这样一种情况，即某些专家是通过百科全书的学习和指引而成为专家的。所以《不列颠百科全书》第十五版中提出，百科全书是“没有围墙的大学”。谁都可以进入这个大学去学到东西，它是桥梁，通过它既可以辅助自己的专业的学习逐渐深入，又可以学到自己专业以外的知识，并进一步深入进去。西方提出一种见解，生活在现代，世界上的知识是如此之多，应当终生学习。这就是我们所说的“活到老，学到老”。但拿什么来学？学习的最好教材就是百科全书。把人类自古迄今的全部文化知识，加以综合而集其大成者就是百科全书。百科全书是终生学习的教材。这就提出了我们的百科全书的读者对象是谁的问题。我们决定以大学生和具有相当于大学程度的人作为读者对象。这样在编写时对于内容的深度、术语名词以及公式的应用等等，就可以有一个分寸。并且文字还要写得深入浅出，具有百科全书应有的独特的体裁。所有这些问题，已经有了一些体例性的材料，现在正在整理，将来编写的同志可以人手一册，就方便得多了。

在编写我们的百科全书时，要借鉴外国的经验。外国百科全书中的条目有长有短，长的达数十万字。有些百科全书采取大条目主义，以长条目为主。我们采取中条目主义，一般条目都不太长。我们把条目分为五类，即特长、长、中、短、参见。少数特长条目的字数可超过十万字，长条目在二千到二万字之间，中条目为五百到二千字，最小的短条目字数在五百字以下。我们首先编的是《天文学》卷，现正在编写中。条目字数虽然有规定，但一写起来往往会超过。大家都希望写得完整一些，这就必然会长一些，结果总的字数就多出来了。五百字的短条目，多一点没关系。当然应该尽量压缩，以不超过为是。文字要压缩，就是说要把水挤掉一点，但也不能挤得太干，把条目写得干巴巴的，应该有文采。有个字数限制就可以有个约束，使得整部书得到大体上的平

衡。特长条目也可超过十万字。例如中国历史、外国历史一类的条目就是这样。《不列颠百科全书》第十五版中，中国历史一条写了二十万字左右。

外国百科全书各有它们自己的特点，我们的百科全书也应有中国自己的特点：最重要的是思想性强，以马列主义为指导，用科学的观点，即辩证唯物主义和历史唯物主义的观点写一切条目。其次是中国从古至今的科学文化的发展要突出。再次是要注意第三世界各国和地区的历史与情况，以及其他等等。

《中国大百科全书》有一个总编委会，现总编委会的主任、副主任已经确定，还要增补几位。总编委会委员一下子还不能确定下来，主要是因为各个学科分卷还没有展开工作，不能仓促地定下来。

各个学科可以成立分编委会，也可以不必马上成立分编委会，可以先成立筹备组，先把分支学科的编写组成立起来。由分支学科编写组草拟学科的分类层次框架和条目目录。有了框架，一个条目的上下左右位置和关系就清楚了，写起来就会有层次、有分寸。我们《天文学》一卷的框架，层次有五六层。着重写一、二、三层，再下面分得太细的可以少写或不写。有了框架、层次，就能够知道每一个条目的上面是谁，再上面是谁，下面是谁，再下面是谁。就是说，把曾祖父、祖父、父亲、儿子、孙子的关系弄清楚了，撰写人就容易写自己所要写的条目了。这样也比较容易确定字数，定下长短之后，再定由谁来写某一条目。胡乔木同志提出，找最适当的人写最适当的条目。这样可以写得更好、更快，少返工。一个条目写好之后，就由它所属的那一个分支学科编写组的主编审查定稿。主编是这一分支学科的专家，对于该分支学科的内容及撰稿人情况都很了解，他会适当安排和审稿。主编审稿、定稿之后，由各分支学科开会，共同审阅、讨论、平衡、定稿。这是一次学科定稿。分编委也一起参加，解决一些遗留问题。最后再由出版社编辑部进行文字、规格、技术方面的加工定稿（学科编辑、文字编辑、规格统一人员同时进行）。由于撰稿人很多，文体不可能完全统一，尤其是术语、人名、地名必须统一，数据和有关资料必须核定，语言必须规范化。所以编辑部必须进行这样一次加工。

有的分支学科的问题，如果主编解决不了，可由分编委会解决，如再不行，最后还可拿到总编委会解决。

一个原则问题

还有一个原则问题，就是在撰稿时应站在什么立场。前面说过，我国百科全书的特点之一是用马列主义的观点来处理全部条目的撰写，现在再特别强调一下这一点。西方各国的百科全书强调公正，不偏不倚，不倾向任何主义，否则就不算公正。其实这是资产阶级的偏见，而不是公正。我们是唯物主义者，不隐瞒自己的观点，我们的观点是有倾向性的，这就是唯物主义，辩证唯物主义的观点、科学的观点。我们反对把马列主义挂在嘴上、写在字面上，反对抄几句马列主义、毛泽东同志的语录；而是要把科学的实事求是的观点，贯彻到我们的百科全书全部条目中去。

英国早期的百科全书提出，可以把不同的观点列出，不作结论。如天文学中关于天体、星辰等问题，可把不同的看法都写上。同一个条目可以写两三个条头，由不同学派的人来写，这是科学的做法。百科全书是工具书，应当实事求是地把各种比较完整的观点全面介绍给读者，不能只定于一家之言。例如关于中国奴隶社会与封建社会的分界，可以把各家不同的观点都写上。又例如有一些人物，不能因为他后来反动了，百科全书就不收他。百科全书中所收的人物，是否只限于死人、不收活人。《辞海》只收死人，不提活人；我们决定无论死人、活人，凡有成就、影响、贡献的都收。外国百科全书的倾向是活人条目越来越多，连尼克松水门事件也写进去了。我们的《天文学》卷收入了四个活人，现在已有一位去世[1]。有一个建议，有些有突出成就的比较年轻的科学家也可以写进去。中国的科学家，只要其一生为科学作出了贡献，培养了新人，发表了著作，在国内或者在国外有一定声望，都要写入百科全书。

每个条目之后都要署上撰稿人的名字，既是文责自负，也是尊重这位撰稿人的劳动和贡献。我们中国许多科学家的成就，不一定比外国的低，我们应该对外宣传他们。我们原来考虑中、长、特长条目才署名，现在决定短条目也署名。总编委、分编委，以及分支学科主编、副主编的名单都要在书上公布。

写百科条目与写别的东西不同，它是作概括性介绍的。有的人不愿写，认为是写科普，有失身份。其实百科全书具有权威性，读者都认为它是可靠的材料来源。国外许多科学家都争取为百科全书撰稿，认为它是一部系统地传播科学文化知识的专著，是读者可以据以自学的好书。在国外，不仅学校、图书馆、学者个人备有百科全书，许多家庭也都购置。没有这样的书，很多疑难问题难以解决。

我们现在出版百科全书一下子还做不到满足种种必要的要求，但以后要逐步想尽办法出版不同性质、不同专业的百科全书。今天我只是提一提这些问题，简要谈谈百科全书的编写设想。在你们各位专家面前我们是小学生，提出来的意见请大家讨论和批评。

---

〔1〕指程茂兰同志，戴文赛不久亦辞世。——编者注

百科全书的教育作用[1]

中国向来是编类书的，近两千年编出了大大小小四百多种类书。类书是把已有的书分门别类归纳和摘录，汇成利于查检的文史工具书，科学技术知识较少，更没有外国的东西。清末鸦片战争以后，中国人见到了《大英百科全书》（现译《不列颠百科全书》），觉得这比类书更能适应现代的需要。有了想要编百科全书的想法，而没人再编类书了。一九〇五～一九〇六年，吴稚晖等人发起编百科全书，搞了计划，但未编成。直到二十年代，商务印书馆和中华书局才开始编一些应用性的知识书，但也只是《万有文库》之类的丛书，后又编了《辞海》，但仍未能实现编现代百科全书的理想。抗战期间，李石曾等人在重庆想编百科全书，但没有钱。抗战胜利后，他们到上海还计划编，国民党一心打内战，哪有钱办这样的事。解放后，胡愈之同志倡议编辑出版百科全书，但当时条件不成熟，后虽列入十二年规划，却一直没有动。

编百科全书，我国的知识界是有积极性的，也有人才和能力，但这还要很大的组织力量和财力。中国过去编类书，大多是皇帝下敕令编的，如魏文帝下令编《皇览》，明永乐皇帝下令编《永乐大典》，清康熙帝下令编《古今图书集成》。这些都说明完成这样大的文化建设工程需要有强大的后盾。现在，我们党中央和国务院已决定编辑出版《中国大百科全书》，我们已具备了这方面的条件。

---

〔1〕本文是姜椿芳一九八〇年十月六日在《中国大百科全书·交通》编写组联席会议上的讲话。——编者注

《中国大百科全书》不仅反映中国的水平，也要反映世界的水平，要包括世界最新的成就，知识要全面。有的知识我们现在还没有，但世界上有的，我们也要介绍。如果我们的百科全书没有最新、最高水平的材料，那拿出去会贻笑大方。

百科全书究竟有什么作用？除了它的主要功用，即现代信息时代检索知识信息的工具书，它的教育作用是值得重视的。有人通过读百科全书，引起了某个方面的兴趣，后来在掌握百科全书系统知识的基础上根据它所列出的参考书目，深入钻研，结果成了专家。我有一个学生最近从上海来，他原来是学外语的，搞外交的，在十年动乱期间在牛棚里读《不列颠百科全书》，根据百科全书指引的线索深钻遗传学和生物学，现在已是上海知名的生物学家。

中国有句古语：活到老，学到老。外国有种说法叫终身教育。这种教育的最好教材就是综合性百科全书。外国人说百科全书是“没有围墙的大学”，这种大学人人都可以进。有这样一座“大学”开设在家里，活到老学到老就很方便了。外国人一般科学文化水平较高，他们的教育条件好是一方面；二百多年来，英、德、法、意、美各国出了不少百科全书，也起了相当的作用。不能说百科全书可以代替教育，但它能起到普及基础知识的作用，起到向专门家过渡的桥梁作用。外国有本国的百科全书，还翻译别国的百科全书。美国有《不列颠百科全书》《美国百科全书》，在国外都有很大影响，可是还买了《苏联大百科全书》第三版的版权，为了扩大知识面和了解对方，把全书三十卷翻译成英文出版。

西方重视百科全书，是推动他们文化发展的原因之一。如法国狄德罗编的《百科全书》，用唯物主义的观点批判了宗教，动摇了封建主义的思想基础，推动了工业的发展，为法国资产阶级革命做了思想准备。就在同一个时期，中国清朝的乾隆皇帝下令纪晓岚编《四库全书》，却远未起到那样大的作用。

《交通》是《中国大百科全书》中的一卷。它既有经济学的内容，又有科学技术的内容，与其他卷的交叉问题不可避免。因此，在编纂中要处理好交叉重复问题，尽量避免不必要的重复。有些内容不得不割让一些。例如，关于汽车、机车、船舶制造的知识，主要是放在《机械工程》卷去讲。

用条目的形式介绍心理学知识[1]

为了编《中国大百科全书》，这么多心理学界的老前辈今天聚集到一起，这是令人非常兴奋的事情。我们知道，多年来心理学家就难得有一次盛会了。我想打个比方，当然比方总是不太恰当的，我们的心理学家年事已高，可是几十年来却膝前无子，或者很少生儿育女。原因大家都清楚。因此，召开这次会议，对于心理学这个学科也是很有意义的。我在心理学方面不能说多少话，但是对心理学几十年受到的不该受的遭遇有了现在的转变，还是感到愉快。

我们现在编《心理学》这一卷，主要要依靠各位老前辈，在座的中青年专家很少，我对此有不少感触。我们曾做过一些调查研究，感到有两个学科比较困难，一个是心理学，一个是社会学。为什么心理学会有这样的遭遇？为什么会把心理学这门学问全看成是唯心主义的东西？是不是心理学的“心”字使人产生了这样的条件反射？可能还有些别的原因。怎么能把研究人类思维规律及其生理基础的学问说成是唯心主义？这门学问实际上对人类精神文明的发展，对工农业生产和其他各种事业的发展都有很大的益处。那么多年，一个科学学科竟被人放下了，以致造成目前这样青黄不接的局面。许多心理学家老了，而新一代的心理学家尚未培养出来。现在我们要编百科全书的《心理学》卷，就不得不请心理学界的老专家老当益壮，承担起更多的责任。

---

〔1〕本文是姜椿芳一九八一年十二月十一日在《中国大百科全书·心理学》编委会成立大会上的讲话。——编者注

现代世界上的图书有千种百种，但信息时代有一个基本倾向，那就是人们需要快速获取知识，因为现代知识实在是太多了。从头到尾读一部书，需要花很长的时间，让急欲了解一个问题、一个概念的读者去读专著、教科书是困难的。如果把各种书所介绍的一切问题、一切知识都用简明易读、系统完整的大小条目表现出来，那么查起来读起来就方便多了。用条目的形式介绍各种知识，这就是百科全书的方式。百科全书把这样编写出来的各种知识主题的大小条目按字母顺序编排起来，成为一种供人随时查阅、随时系统学习的完备的工具书。人类的一切门类知识、一切学问，都可以编为百科全书。例如，去年苏联就出版了一部《十月革命百科全书》。十月革命是历史事件，当然意义很大，然而却能用百科全书的形式来表现。这部书的内容包括十月革命前前后后的事情：参加的人物、革命过程中开过的会议、各次战斗、帝国主义干涉，等等。日本还把《资本论》编成百科全书的形式。百科全书的基本特点，就是知识全面，易查易读。

百科全书既然是用条目的形式介绍基本知识，怎么写条目就是重要的问题。就是说怎样写才科学，才合理，才有系统。所谓系统，就是根据有系统的框架撰写条目，条目之间互相衔接，不至于使一些问题遗漏。要保证条目的系统性，就要靠百科全书的体例来约束。百科全书的体例说明条目的性质、体裁和结构，什么是条目不可少的，什么是条目不应有的，什么应该先写，什么应该后写，什么是核心内容，应该充分，什么是边缘内容，应该简略。此外，条目还应在框架的背景上写，这样才能不致越界与相邻条目重复，才能守住明确的“四至”。撰写百科全书的条目，也是一种专门的学问。编百科全书，就是要把专家的专业学问与百科全书这门学问结合起来。我相信，我们的心理学家懂得百科全书读者的心理，会写好《心理学》卷的条目的。

紧迫感和要打破陈规旧律〔1〕

编写百科全书要掌握的方式方法

百科全书要适合相当于高中以上及大学层次的广大读者阅读。有许多干部，尤其已经工作了几十年的人，甚至于我们许多领导层的人，一定说他上过高中，上过大学？不一定。但是他这几十年所接触的，所掌握的文字，专家编的他能够读懂。广大读者能够读懂，这就是我们编写文字要掌握的层面，由浅入深，深的东西我们也要用比较浅的语句把它写出来。

因此编百科全书是一个专业性的工作，是一个相当艰巨的工作。学者教授们愿意写也习惯于写学术论文、专著、讲义，但是写百科全书就有困难，因为它的字数有一定的限制；超过了，整个计划就被打乱了。它要求较浅，又要把基本知识写出来，尤其比较深的东西也要介绍出来。用什么方法去介绍，一些科普的东西你可以打比喻，可以用生动的形式把它写出来，用多种说法来表示。百科全书是一种工具书、参考书，它可以读，又可以查阅，所以它的语言、它的编写方式，与你写学术论文、专著、讲义不同，要求不同。

外国有些人这样讲，“要编成百科全书是几个回合斗争的结果”。写的人这么写了，编辑的人要作二次修改，我们的编辑、主编要改，改了结果还不行，还要几次反复，才能够把它写出来，有的也可以很快就

---

〔1〕本文根据姜椿芳在一九八二年一月三十日《中国大百科全书·数学》编辑工作会上的讲话录音整理。——编者注

写出来。这个编写的过程，将来我们也得详细地再谈，还要找一些专人来和大家谈。

要注意的是具体编写的方式方法。有这么一个经验：一个分支，你组织了二三十个人写，比如说我们现在的框架条目，参考一些外国的百科全书，条目搞出来了，请几位先试写些具体的条目，这些条目写出来给大家看，讨论、研究后，这一条他懂得了要这么样写，没有问题，他就会去写其他的四条五条，大家就知道用这样的方式写这么一个条目，用这么多字数比较合适。

我们编辑部的同志也经常会跟分支主编联系，甚至有些撰稿人我们也需要去联系，共同把这个过程做好。

字数的限定

每一卷有多少字呢，我们研究定下来一百万字左右。现在许多学科进行下来，大体上总要超过一点，一百二十万。篇幅要缩小。有些学科，你若出两卷吧太多了，出一卷呢字数又超过了，我们就定个名字叫“扩大卷”“加强卷”吧，这样子这个卷还说得过去。《天文学》卷出了一百二十万字，实际上加上插图和附属的一些材料、目录等等，合起来大概一百五十万字。我们《数学》卷是多少，照现在的计划是一千一百一十五个条目，一百五十万字，现在不算图就有一百五十万～一百六十万字，不能太厚，无论如何不能超过一百八十万字，超过了就太厚了，装订起来也有困难，拿在手里很重。

有些学科出两卷，像现在正在排印的《外国文学》是两卷，正在编的《中国历史》是四卷[1]，《外国历史》是两卷，《农业》是两卷。可是现在有些人一再要求增加，昨天还收到一封信，搞兽医的，“你分

〔1〕出版时，定为三卷。——编者注

给我三十万字怎么行，起码五十万字”，他讲了一大堆理由。要求多、全，这可以理解，但是作为中国的百科全书，总要有个限制，适当增加一点也有必要。具体问题具体分析，具体解决。但是我们《数学》这一卷一百五十万字左右，图也相当重要，数学里面需要有公式，还需要有彩色插图。像外国的数学家，中国的数学家，有些头像插图，还有带文字一起的，编的过程里面都要考虑到图，不要文字都弄好了再配图。

在整个的编写过程中间会遇到一些问题，我们现在定的计划，无非就是，条目定下来给各分支掌握，现在是各分支自定的。那么这次会议要平衡一下，把它定下来。等到在编写的过程里面，可能会发现我们原来定的计划、定的条目与实际不完全符合，可能有的要并，有的要分。但是总的方面大体上就是这样，这个工作以后在实践中间逐渐修正。把稿子写好了，先是分支编写组的主编、副主编来审稿，初步定稿了，遗留的问题，由《数学》编辑委员会开会讨论解决问题。编委们主要由分编委的主编、副主编组成，共同讨论问题，有共同语言，容易解决问题。不会使参加编委的同志负担太重，也不是全书都要他审查、抽查，主要是解决遗留下来的问题。

定稿时，在文字上修辞，我们编辑部也要参加，还要做一些核对的工作。印刷厂现在要求很严了。你是定稿，你就要写得很清楚，你要全，不能缺斤少两，以后就不能轻易改动了，改动还要罚款的。意思就是说，定稿要加工，文字上要修饰，规格上要统一，尤其是学术名词、人名、地名、数据、事实要经过核对，这样才可以拿出去。

国外百科全书的出版状况，中国百科全书出版的紧迫感

百科全书不应该有错误。百科全书要很严格地按照科学的要求，你数学里面是什么就是什么，讲得清清楚楚。中国的百科全书不是单单为

了中国读者，是代表我们中国文化面貌的，这个书是要出口的，每一个国家的百科全书都代表这个国家人民的科学文化面貌，那么我们的百科全书出去，外国人也很重视。

现在，许多国家听说我们在编百科全书了，很感兴趣，中国这么一个大国，过去在他们的百科全书中反映中国情况的很少。我刚才提到的美国编的《不列颠百科全书》，它那里面有一条“中国历史”，英文字是十五万字，译成中国字将近三十万字，有时候可能还超过一点。它是一个大条。他们是费了很大的劲儿，找了许多专家写的，有些是华裔中国学者。他们为什么这样做？他们考虑：中国是一个很重要的国家，中国历史有这么多年了，我们不能简单。这是他们最长的条目，那是很讲究的。他们是为了要做到《不列颠百科全书》不仅仅是美国的，而且是英语世界的，现在还要超出这个英语世界，变成世界性的百科全书。

在欧洲，有许多国家也在出百科全书，而里面最缺乏的就是中国条目，《不列颠百科全书》有“中国历史”这个条目，还有其他一些有关中国的条目。我们现在专门成立了一个编辑部，在翻译它的“简编”，“简编”译本将在国内出版。

我们初步看了，他们不了解我们的现状。他们在《不列颠百科全书》里面怎么写的呢：“胡风——中国共产党领袖之一，后来犯了错误，死了。”就没了。第一他不是共产党，第二更不是共产党的领袖，犯了错误倒也不至于。他们就这么写。比如张作霖这一条：“张作霖是山西人”，又是什么……“张作霖是辽宁海城人”。出生年月不准确，生的地方不准确，其他的更不用说了，并且量很少。我们查了一下，对照了一下，像欧洲几个国家，反映中国的条目，像中国历史上的各朝代，或者是文学家，或者是诗人，他们能够反映的数量太少了。他们说：“中国又没有百科全书，我们到哪去找啊，找那些人写东西，似是而非，不全。”这种外国的笑话多了，美国还出了一个《兰登百科全书》，它介绍中国说："近代史上的胡适之把西方的知识介绍到中国来了，毛泽东根据他介绍过去的东西，在中国发动了革命，取得了革命的胜利。"我们看起来，这样介绍中国，只好笑一笑。

《不列颠百科全书》出版公司和我们定了个协议，希望将来中国百科全书出来了，有关中国条目他们可以翻译，在英语世界发行。他们希望中国的百科全书早点出来，因为他们要中国的材料。所以我们的百科全书出去，人家非常重视。《不列颠百科全书》，有些条目如"胡风"，是急需要得到我们的材料的。现在"胡风分子"这些问题解决了，这个我们不说他了，将来在我们百科全书里可能有他的一条。

法国的《拉鲁斯大百科全书》印得非常精美，每一页都有彩色的图，文字比图还少，我们拿来看中国的这部分，可是这些图里面，有一个例子，我在别的地方也提过，孙中山和宋庆龄坐在一起拍的那张照片，上面的文字说明是"孙中山先生和他的夫人宋美龄"。我们看了只好笑，它印得这样精美，这是关于中国的事情，笑话有的是。就是因为我们没有百科全书，我们也不能太责备人家。所以我们有必要编一部中国百科全书，就是介绍中国的。

好多外国人到中国来一看，他们从前以为中国没有的，原来也有。有一个法国歌剧方面的团体，到中国来一看，奇怪——中国也有歌剧，还演过西方歌剧，从来没听说过。最后和我们定了协议，他们派了导演和舞台设计等这些人来中国，帮我们中央歌舞团排了《卡门》这个戏。

我们因为没有这样的书介绍，他们不知道。我们就需要大胆地介绍，人家说我们这个没有，那个没有。最近从英国回来的周采芹，周信芳的女儿，她是专家。我们中央戏剧学院请她回来讲课，她也排了出戏。后来我们见到了她，告诉她我们上海演过什么外国戏，她不知道，她说外国人都不知道。我们要把自己介绍出去。

所以百科全书就要把中国的实际情况，历史上的，现代的，文学艺术方面的，统统介绍出去。我们古书上有不少东西都要介绍出去。我们在《文心雕龙》里讲的美学，比西方讲的早得多了，人家不知道我们有这本书，更不知道里面讲些什么，我们的中国文学早就把它讲出来了，所以我们要大胆地介绍中国。

数学在中国历史上是很悠久的，我们条目框架里面，关于古代数学史，篇幅占得相当多。对《天文学》卷，人家注意的是我们介绍中国古代的天文史。中国有哪些成就，图片上也介绍了，有哪些仪器，哪一代有什么，我们的历法是怎么样，许多都是惊人的东西。所以我们的国人要上书。历史上的人物，人家不知道的，我们要把他写出来。这是向国外宣传中国，让国外的人都知道，他们也在找这些材料。

《天文学》卷出来了，当然也有一些缺点。英国的《自然》杂志在世界上是很有分量的，李约瑟和另外一个人一起写了一个评论，对它的评价还是很高的。

他也提出了一些意见，这些意见主要就是有些人物应该介绍得详细一点，有些图片应该放在什么地方，放得太前或者放得太后了，都会有些要求。

我们也不要飘飘然了，缺点还是有的，就是说外国人很重视中国的百科全书，希望能早点编出来，尤其希望把中国的东西翻过去，人家很需要从这里面找材料。

“人物上书”要打破陈规旧律

有一点，就是我们这部书要打破一些陈规旧律，别的问题不谈，就谈一个“人物”。

人物，美国的《不列颠百科全书》出第一版的时候没有人物，二、三版也没有人物，他们反对在百科全书里有人物。后来有人物，是去世了的人物。近年来西方各国的百科全书，日本百科全书都有了变化：不仅仅是去世的人物，在世的人物也要有，而且在世人物的比例越来越高。因为今天在科学上或者在艺术上取得成就的，往往是许多年轻人，这些人有了成就，因为他还活着，或者是他还很年轻，就不上百科全书了，不行，现在的倾向，活着的大科学家、有成就的科学家，在百科全书里要有他的名字。世界各国都是这样的了。就是我们中国的《辞海》还是只有去世了的人物，在世的人物没有。在第二版就是毛主席同意了舒新成的意见，修订《辞海》的时候，他们有一条，在世的人物要有，所以在它的那个未定稿里有。但“文化大革命”后修改时，改来改去，那时康生的意见“有许多条目不稳定”，所谓“不稳定”他是一个借口，就是有许多事你不要提了，另外有些活的人根本不能要。他说：“没有盖棺，没有定论，有些人还变成反革命了。”就是到了前年，《辞海》出修订版，还是根据这一条，也遇到了许多困难、麻烦等等，它确定了这么一条，就是在世的人物一个也没有。我们编百科全书确定的是：在世的人，学术上有成就，政治上也有地位有成就的，可以上百科全书的，还是应该上，不能因为他活着就不要。

甚至于近世，他是反面人物，但是在历史上有他一定作用的，也是要有。那么就是说，不能够用过去那个教条的、形而上学的，甚至简直不能称为什么学科的“科学”的观点。像苏联的百科全书，有些人物成为反革命了，名字不能有。一个叫贝利亚的，赫鲁晓夫上台之后不久就把他打死了，从此以后，国内任何书上不再提到这个贝利亚，百科全书里没有了，所有的书里都不再提了，这个人在地球上就没有痕迹了。像布哈林、托洛茨基这些人，也都没有了。我们过去也是学他们，有些人他出了什么事情的话，就没有了。

我们认为像“四人帮”，在我们百科全书里面，这些人还是要有。它起了一个反面的作用，我们客观地写他们。林彪曾经是怎么怎么，后来又怎么了，几句话就可以讲完了。那么我们在世的学者、科学家们、文学艺术家们怎么写？已经出的《天文学》卷里上了四个人。另外，所谓“活人上书”有几种形式，一种有专条，专门有他这么一条；另外就是在一个比较综合性的条目里面提到他；在哪一个问题上，有谁谁，有什么贡献，可以提到几个人；或者在一个专门的问题上提到几个人；也有的他是编委的人，也有的他是撰稿的人，所有撰稿的人不管写长、中、短条的都要上书。

有些学科的同志，对这个决定有意见，他碰到这个问题就觉得困难，讨论来讨论去，决定采取消极法：就是“不要”，活人一概不上书。省得麻烦，这个人上去了，那个人没有上去……

《戏曲·曲艺》卷，戏曲是针对地方戏，中国地方戏有将近四百种，京剧也有，你上谁好，昆剧、粤剧、豫剧等等。后来没有办法，说还是要上，初步决定上六个人，几个大剧种，一个剧种上一个人，豫剧是常香玉，越剧是袁雪芬，粤剧是红线女等，六个人，我们觉得不行。

有些学科必须多一点。《数学》卷比《天文学》卷范围要大得多，人也多得多，有世界声誉的数学家，中国有不少。假设外国人看了，某某人在《数学》这一卷里没有，人家也奇怪，出了什么问题了。不能没有，这一点我们要明确，麻烦就麻烦点，要反复讨论。

要投入一定的时间和力量，把《数学》卷编好

关于数学方面的人物，我们确定要上哪些人，我们再慢慢选。百科全书的工作现在开始了，我们这些编辑部的人也都是外行，也是从调查研究着手，现在有五十个学科开展工作，数学到今天这样的情况，还是走在前面的。数学是很重要的一个学科，数学界的同志也很重视，几位头号的数学家都来领导这个工作了，我相信数学这一卷会编得很好。今天的会议是要把编辑委员会的名单定下来，在定的过程中，有些意见，

我们编辑部的同志与数学界的有关同志一再交换意见，提出方案，今天给大家宣读一下，确定了，我们发聘书，之后还可以增删。

编好百科全书的《数学》卷，也是数学界的同志本身的一个事业，要投入一定的时间和力量，把这个《数学》卷编好，时间安排得好，就能比较快地把它编出来。

原定在去年要出的四卷结果只出了两卷，而剩下的呢，在今年年底出好像也有点困难，还得明年年初才能出。原定一百二十万字一卷，增加了图片等等的，大概要一百六十万～一百七十万字一卷，总数算起来要三百八十万字。这个超过了我们原来的计划，但是我们适当考虑，也算是加强卷吧。《体育》卷我们也编好了，就要发排了。《环境科学》卷也编得差不多了，今年要发排了。冶金、法学、戏曲今年都编好了。《数学》卷，什么时候可以审稿、定稿、加工，什么时候可以发排，大家研究安排一下。

我们和数学界的同志交换了意见，把数学的编辑委员会人选的建议提出来，现在给大家宣读一下。

数学编委会名单，按姓氏笔画排列，主任：华罗庚、苏步青。副主任：冯康、吴文俊、谷超豪、陆启铿、段学复。委员：王元、王寿仁、王梓坤、邓东皋、卢庆骏、叶彦谦、田方增、白正国、冯康、成平、华罗庚、齐民友、江泽坚、江泽涵、许国志、孙本旺、严敦杰、苏步青、李国平、杨乐、吴大任、吴文俊、吴新谋、谷超豪、张广厚、张禾瑞、张素诚、陆启铿、陈希孺、陈景润、陈德泉、周毓麟、赵访熊、胡世华、胡和生、柯召、段学复、侯振挺、秦元勋、夏道行、徐利治、曹锡华、龚昇、梁宗巨、越民义、程民德、谢邦杰、廖山涛、潘承洞。

编百科全书我们也不是专家，但是百科全书有些要求，不得不向初次编百科全书的同志提出来作参考。在数学方面拿我个人来讲，在专家面前是小学生了，我们也有一些从事数学编辑的同志，那也是资质很低的，要请大家来帮助。从百科全书的角度和大家来谈这个问题。百科全书能够按期编出来，对我们国家、对人民是一个重要的贡献。

百科全书就像一个科学文化的纪念碑，我们从事了一辈子科学文化工作，并不是要成名成家、把自己的名字刻在这个纪念碑上。而是对人民负责，人民也需要知道我们科学家做了些什么，我们科学家有哪些人，要世人知道。有世界声誉的数学家们，在我们的百科全书上如果没有名字，这是说不过去的，历史上的、今天的都应该有。百科全书的工作是一个光荣的工作，是一个重要的任务。我们需要团结一致，互相配合，通力合作把它编好。

四点经验[1]

总结各学科卷编辑工作的经验教训，可以得出以下四点值得肯定的基本意见。

依靠部门领导重视是关键

哪个学科卷所依靠的领导部门和参加编写的有关单位领导重视，哪个学科卷的工作就比别的卷进展得快。

《军事》卷得到军委、各总部、各军兵种及各大军区领导的重视，成立了阵容强大的编委会，并委托军事科学院宋时轮院长主持编委会工作，《军事》卷编审室的全体同志做了大量的工作，许多有实践经验和军事素养的老同志投身到这一工作中来，所以《军事》卷进展很快，进展很好。一个学科卷的工作往往依靠好几个单位，其中必须有一个为主的，有一个中心。在有的学科卷的工作中，一些单位常常互相推让，结果没有一个中心，那个卷的编纂工作就受到影响。《军事》卷的编写工作，在全军共有二十三个大单位参加。由于军委重视，建立了编审工作的领导核心，把编纂《军事》卷的工作当作军队的一项基本建设来抓，工作就有了进展，不断取得成绩。这使我们很受鼓舞，并从中学到好的经验和好的做法。

---

〔1〕本文是姜椿芳一九八二年七月十二日在《中国大百科全书·军事》第二次编辑工作会议上的讲话。——编者注

组织健全是落实编写任务的保证

《中国大百科全书》各学科卷正式开始工作之前，都先成立学科编委会（或筹备组）、编写组（设主编和副主编）。有了组织，有了负责的人，每步工作就可按计划进行。否则，单靠开一些会，议论一下，会后各回单位，仍没人负责，工作很难开展，任务不能落实。《军事》卷成立了编委会、编审室、编辑组，有了健全的组织，工作任务就有了保证。《体育》卷也和《军事》卷相似，荣高棠同志出来主持，在国家体委成立了编辑办公室，《体育》卷工作进展就快。当然，军事是两卷，包括的内容也广泛得多。据统计，仅“军事技术”部分就涉及八十多个专业。“军事理论”部分属于社会科学内容，范围也很宽。《军事》卷涉及社会科学、自然科学和工程技术领域的许多学科，是个综合性学科卷，难度很大。《军事》卷由于编审组织健全，已经有了一个良好的开端，计划进度是有保证的。

编制框架条目表，调查研究要先行

据我所知，《军事》卷在设计框架和编制条目表之前是做了充分的调查研究工作的。调查研究首先是了解本国情况，了解世界各国编百科全书的情况。《军事》卷的同志对我国的有关辞书和世界主要百科全书的军事内容，都做了分析研究，而且还翻译了不少外国百科全书上的资料，收集了大量的国内资料，特别值得指出的是设立了条目的专题资料档案。《军事》卷的框架条目表就是在这样充分的调查研究的基础上制定的。框架条目表的编制过程，本身就是广泛收集和积累资料、分析研究资料和反复修改补充的过程。在收集积累资料上欠功夫，不仅影响框架条目表的编制，而且会影响条目的撰写。写出的条目就难免内容单薄，资料性不足。到那时，难免又回过头来补充收集资料，走一条反复迂回的道路。如果《军事》卷不是从一开始就强调在收集资料上狠下功夫，就不会有现在这样顺利的局面。

早抓、抓好重点条目的撰写工作

《军事》卷有重点条目三百多条，约占全卷总条目数的百分之十三、总字数的百分之三十七。这些条目都是全卷内容的支撑点，撰写难度很大。《军事》卷编委会决定及早抓好重点条目的撰写工作，这是科学的做法，符合百科全书编纂工作的规律。我们出版社编辑部也意识到重点条目（称为骨干条目）的重要性，但一直没有做到像《军事》卷这样扎实、细致地提前来抓。我们有的卷做法恰恰相反，没有狠抓重点条目撰写工作的落实，结果一般条目写出来了，而重点条目却拖到最后，因而影响全卷成书。像《军事》卷这样先抓三百多个重点条目、先组稿撰写、先组织讨论审稿再反复修改定稿，这种做法值得总结推广。

今天开的第二次编辑工作会议是个关键性的会，回顾过去一年的工作，安排今后的工作。编百科全书，实际上是几十路大军同时奋进，随时会出现一些新情况和新问题，有时并不那么顺利。《军事》卷的编辑工作证明，军队同志有优良的传统、有组织能力、有指挥才能，我们要向你们学习。

大类分卷的编法与交叉重复〔1〕

字典、词典这类工具书自古就已存在，只不过最初没有这样的专名，中国直到清康熙敕编《康熙字典》才有了这个正式的书名。既然字有典，词有典，那么科学呢？知识呢？现代科学文化知识的“典”就是百科全书。中国古代的百科全书性质的著作，称为类书，我们的先人自古就有编撰类书的传统，魏文帝曹丕敕令编撰的《皇览》被认为是我国“类书之始”。我国自魏至清，历代都有大大小小不同类型的类书编撰出来。但到清朝末年，类书不再有人编了。二十世纪初期，商务印书馆编出一部《辞源》，那仍还属于词典性质。中华书局不甘示弱，你出“源”，我出“海”，就是《辞海》，不仅讲词的源流，也讲新事物和新含义，那就很浩瀚了，可以认为它已是词典与百科全书的“混合编制”。

类书这种形式，就是把已有的重要文献、典籍分门别类摘录编纂起来，但科学技术的内容不多。我们《中国大百科全书》第一版，根据我国编者、作者和读者的具体条件，决定采取大类分卷的编法。这也可以说是继承了类书编纂的传统吧。我们的百科全书既要论古，也要谈今，既要讲中国，也要讲外国，而同传统类书最重要的区别是更重视科学技术内容，特别是最新的科技知识。我们现在要编的《电子学与计算机》卷就是这方面最重要的一卷。

---

〔1〕本文是姜椿芳一九八二年七月二十九日在《中国大百科全书·电子学与计算机》编委会筹备组扩大会上的讲话。——编者注

大类分卷的编法是一种折中的方法，即把现代占主流的字顺编法与教科书式的分类编法结合起来。学科或知识门类分卷，而在各学科卷内，条目是按汉语拼音字母顺序编排的。大类分卷的编法不能说是很科学的方法，但从目前具体条件看是合理的和可行的。这样可以尽快和读者见面，有利于满足读者的需要。像已出版的《天文学》卷，天文学家和天文爱好者们几乎已是人手一册，而搞戏曲的人就不必买。这就比一套完全按字顺编的百科全书方便多了。可以照顾读者的购买力。

大类分卷的编法有一个全书的整体性与各学科卷的相对独立性的矛盾问题，这表现为全书各卷的交叉重复问题。例如《天文学》卷有天体物理学和天体力学等核心内容，这就会与《物理学》卷和《力学》卷交叉重复。如果各学科卷都追求各自的独立性和完整性，把与相邻学科的边缘内容能拉进来都拉进来，于是无限膨胀。试想，如果这样放手编写，就会给整套购买全书的单位造成很大的浪费。因此，就一定要考虑到全书的整体性，要协调，要合理处理交叉问题，尽量减少不必要的重复。各学科卷对核心的分支应该充实，对于边缘的分支则要简略。试举《心理学》卷的例子。这一卷与《教育》卷就发生了争论。《心理学》卷坚持把教育心理学分支留给自己，《教育》卷则把教育心理学看作为自己的核心内容。最后，经过协调，两卷都不能没有教育心理学的内容。教育心理学作为完整的心理学科的一个组成部分，在《心理学》卷详细展开；作为心理学在教育方面的应用，在《教育》卷中则适当简略。《外国文学》卷与《戏剧》卷也出现了这个问题，许多文学家既写小说又写剧本，你把他放在哪里？这就要有具体分析，他的贡献和成就重在哪个方面，这一条就在哪一卷中写得全面充实些，而在另一卷中从简或不设专条。道理讲起来容易，但在具体实践中处理起来就困难了。例如，我们《电子学与计算机》卷也遇到这样的问题。《航空·航天》卷也有雷达、通信、导航的内容，怎么办？《电子学与计算机》卷不能没有这些内容，这就要和《航空·航天》卷的编委会协商，各自侧重什么，重点各自放在什么层次上。必要的重复不可避免，但要适当掌握。

还有一个问题值得谈谈。我们编《电子学与计算机》卷，不是编电子学与计算机专业百科全书。我们编的是综合性的百科全书中的一卷（实为二卷）。综合性百科全书的对象不是电子学的专家，而是给非专家即外行读者读的，比如搞经济的、搞机械的。因此，我们这一卷的内容和表达就不能太专门化了，不能偏专偏深。编完《电子学与计算机》卷，我们将来编电子学或电子计算机的专业百科全书，那就另当别论了。

电子学与计算机学科内部分支怎样划分，这属于框架设计问题。什么叫“框架”？“框”，指范围框框，学科或分支包括的知识范围；“架”，就是架构，就是层次，分了层次才能到条目。有了框架，不仅可以分支划界，上下层次划界，条目如何写也有了依据。有了框架这个基础，全卷选的条目分开来各自成为独立的一个个主题的系统知识；合起来构成完整的知识体系。

编百科全书还有许多别的问题，如政治观点问题、统一性问题，《电子学与计算机》卷可能还要注意文字表达的问题，特别要避免“翻译腔”。另外，百科全书的条目不是学术论文，不是个人研究成果的表述，不同的重要观点都要有所反映。条目稿件要经过集体讨论和反复修改。

我们现在处于一个如人们常说的信息时代，电子学和计算机都是信息技术的基础。我们总编委会和出版社对这一学科卷很重视，电子学和计算机学术界的专家们对此也非常重视，这都是编好《中国大百科全书·电子学与计算机》的有利条件。

编好《教育》卷[1]

今天主要是请董老（董纯才）来讲讲，现在却要我先讲，我就先说几句。第一，热烈欢迎大家到会；第二，感谢你们的辛勤劳动。各位都是教育界有成就、有地位的专家，能见到大家很高兴。我对教育是外行，受的教育也不多，编百科全书是摸索前进。有的同志说编辑是杂家，其实是杂而不成“家”，孤陋寡闻。

现在，编百科全书、编年鉴，在世界上很热门，国内也正在兴起这一热潮。百科全书在国外是学生必备的工具书和参考书。有的学生买不起还可以租用。《教育》卷本身就是对教育事业的一个重要贡献。在座的是从全国各地来的专家、教授，大家前来参加审稿工作，非常辛苦，非常认真，这情景是很感人的。

教育现在是我国的四个战略重点之一，出版《教育》卷是配合教育改革和精神文明建设的，意义十分重大。现在我国对外国教育的研究是不够的，在我们的《教育》卷里如何介绍外国的教育，是会受到外国人注意的。这部分条目最容易出现问题，一定要注意编好审好。过去我们对东西方各国的情况，特别是西方国家的教育情况了解得不够，比较闭塞，要介绍最新的成就就比较困难。我们一方面要对国内读者负责，一方面要考虑到我们编的是国际性的百科全书，如有错误，必会影响我国的声誉。我们可以参考外国的百科全书和年鉴，但最主要的还是从学术

---

〔1〕本文是姜椿芳一九八三年一月十八日在《中国大百科全书·教育》编委会成立会上的讲话。——编者注

刊物和其他渠道获得资料。但是对这些资料必须进行分析，进行核对，有的可能已经过时，有的可能已被否定了，因此一定要在这上面多下些功夫。

有人说，我们研究外国的东西比外国研究中国的东西多，这也有一定的道理。我们从鸦片战争就开始研究外国了。我们的《外国文学》卷出版，外国人说没想到我们翻译了那么多外国的作品，做了那么多的研究。外国人甚至对我们有歌剧都感到惊讶，因为这是欧洲的传统剧种。教育方面也是这样，但最主要的是介绍最新的东西。对于古代的东西，我们的资料较多，但我们更要注意新的研究成果。有位美国教育百科全书的总编辑来访，他们要介绍全世界的大学，但对中国的大学了解太少，要求我们提供资料。解放前，我和一位外国人谈起教育问题，感到人类的教育事业经历过艰难的时期。从前教育没有教室，甚至是在露天树下讲课。我国古代教育与外国教育相比，有些方面更为出色。因此，对我国的教育一定要认真介绍。对这方面内容，外国读者会有兴趣的，国内学生也需要了解自己的历史。

《中国大百科全书》现在还有个问题，就是成本高，个人读者多买不起。出版社正在抓一项重要的改革，就是要在精装本外出简装本，彩图少一些，以降低成本。这对于《教育》卷的扩大发行是很有利的。

《教育》卷的作者都是老师出身，写文章非常在行，这正是《教育》卷的优势所在，因此《教育》卷是有条件编好的。

审稿中要注意的几个问题〔1〕

审稿工作是编纂百科全书的一个重要环节，对条目释文起“把关”作用，是保证和提高百科全书质量的不可缺少的一道工序。《军事》卷就其学科内容来讲是有其特殊性的，我们是外行，确实没有发言权。就审稿工作原则来讲，我想百科全书总的审稿原则基本上对各卷都是适用的，在审稿中是否应注意以下几个问题。

关于指导思想问题

我们编纂百科全书的指导思想是马克思列宁主义、毛泽东思想。《军事》卷的同志们无论在设计框架条目和撰写条目释文中都十分重视贯彻这一指导思想。无疑，在审稿中也会贯彻这一指导思想的，这是我们做好审稿工作的关键。另外，我们党和国家当今的方针和政策也是我们在编书中应该遵循的。例如，我们国家在政治、军事、经济建设和外交等方面的现行政策等。关于在编纂百科全书中如何具体体现这个指导思想问题，我们在编书过程中一再研究，一再征求各方面意见，并在实践过程中予以注意。我们的初步看法是：一是不能孤立地摘引马列主义的词句，把它放在条目释文的首末，而是运用马列主义的立场、观点、方法；二是我国百科全书的基本观点不同于欧美国家，也区别于苏联。

——

〔1〕本文是姜椿芳一九八三年四月二十七日在《中国大百科全书·军事》第三次编辑工作会议上的讲话。——编者注

美国出的《不列颠百科全书》可以说是世界上最老的百科全书了。说它是最老的，无非是它从第一版一直出到第十五版没有间断过。我们社正在翻译《不列颠百科全书》的简编部分（十卷）。在工作进行过程中，遇到了一些问题。从中可以看出，我们和他们的观点不一样，如讲到“议会”“宗教”等，都是两种截然不同的观点。苏联出版的一些百科全书中介绍他们的一些人物，介绍我们中国的历史，甚至是两国边境问题等，他们与我们观点也全然不同。我们对这些问题是用摆历史事实，用事实说话的办法。我们坚持的是历史唯物主义和辩证唯物主义。

关于条目释文的准确性问题

百科全书是半经典性的，是给人们作依据的，因此要求百科全书条目释文要准确，也就是说百科全书条目释文要给读者以全面、系统、概括的知识，而这些知识又是准确的，而且准确性要高。与其他学科相比，军事学科的准确性要求更高，行军、作战等命令的下达都是有科学根据的，十分准确的。俗语说“军中无戏言”，就是这个道理。所以我们说，高度的准确性更是《军事》卷的特点之一。我们在审稿中要注意这个问题。我们通常说条目释文要有学术性、系统性和概括性，但这些都必须是在准确性基础上才能显示出来。在其他卷还遇到这样的问题，那就是本学科的人对一些条目释文发现不了什么问题，可是请另外具有一定水平的人冷眼阅读后会发现不少问题。这可能是“旁观者清”的缘故吧。

还有就是注意解决条目与条目之间的平衡问题。在审稿中单独审一个条目可能看不出什么问题，可是将一个分支内的同类条目放在一起审，往往能发现问题。另外，一个分支内的条目释文由主编审定，最好还要请另一个分支的同志看，也可能看出问题。至于领导同志不可能全部都看，那只能是抽重点条目看，往往也会看出问题来。这样可以发现不平衡的问题，解决后达到平衡，与此同时，要解决重复交叉问题。

关于百科全书的体例规范问题

同志们对百科体例都很熟悉并很好地掌握了，在撰稿之前和撰稿过程中都十分注意这个问题。现在到了审稿阶段，同样也要重温体例要求。全书编写条例是个总的规范要求，它还不能完全适应各学科卷的特点，有的学科卷根据各该学科卷特点提出了更具体的规范要求，《军事》卷也有适合本学科卷特点的具体的编写要求。同志们在把条目特定内容与百科规范要求结合方面做了大量细致的工作，也取得了很好的成绩与经验。

关于文字表达问题

百科文体究竟是怎样的，这是个探索中的问题，尚无定论。我们已先后出了几卷百科全书，这个问题虽有些看法，但还没有定型。外国编纂百科全书已有二百余年的历史，我们拿到他们的百科全书也会发现许多不一致的地方。资本主义国家的百科全书出版公司是商业性质的，为了抢时间快出书，就组织一些学术界的权威负责编。各学科的专家不能完全按照体例写。他们在学者与编者之间也有争论，也有弄得不愉快的事情。如果他的权威很高，叫他改他不改，那就采用原稿。资本主义国家的做法在我们看来不合理，是过分自由化的做法。我们当然不是这样的，如《天文学》卷的总论“天文学”条目是邀请天文学界的四位权威人士一起撰写的，写后多方征求意见，反复多次修改，最后定稿。这样一个总论性的条目公开出版后博得了国内外的好评。百科文体问题将来是要解决的，但目前还定不下来。这方面我们还没有丰富的经验。我们在文字方面总的要求是，用现代汉语撰写，要求逻辑严谨，文字精练朴实，符合规范汉语语法与常用修辞手段，不排斥古汉语中富有生命力的词汇、语句和成语。

在审稿时应同时审查图，文和图同步审是很重要的，图题、图注等与释文一定要一致。我们在释文中都要配一些图，图不是为了装饰，而是帮助我们更好地向读者说明问题，介绍知识。现在外国编百科全书有个倾向，那就是图越来越多，而且都是彩色的，而彩图和文字能同时印刷，就是除了文字外可以同时印几种颜色，图幅有大有小，有的占半页、有的占四分之一篇幅。还有的占满一整页篇幅（边缘不留空白），我们通常叫“出血”。我们认为，这样一些百科全书是以图取胜，以图引人注意，以图吸引年轻人读书。我们编的这部百科全书，黑白图可以和文字同时印刷，而彩图不能，彩图是单独印刷，印后当作彩色插页一组一组地夹到书里装订在一起，因为我们的印刷技术还做不到彩图与文字同时印刷。

总的说来，审稿是关键性的一环，对提高释文质量起重要作用。我们要注意政治观点问题、学术内容问题、体例规范问题、文字表达问题。图也要跟得上，图和文要形成一个有机的整体，下一步的工作要做得更周密、更认真、更细致、更深入。

精确性是百科全书质量的第一标准〔1〕

这是一次全国大音乐家的学术性聚会，有的同志不远千里而来，我们表示热烈欢迎，更表示感谢。吕骥、贺绿汀和赵沨同志还未赶到，或因临时有点事，或因病，或者正在路上。

编《中国大百科全书》，音乐有其重要的地位，这对于我国音乐界也有重大的意义。这是音乐这一艺术领域一项集大成的工作。在音乐方面，我们过去有词典和其他的工具书，却没有百科全书，无论是综合性的还是专业性的。这个空白，现在要由我们在座的各位大家来填补。

在我国，每逢盛世都有人编出集大成、继往开来的大书。《中国大百科全书》可以说就是这种集大成、继往开来的巨著。音乐方面也是一次知识上、学术上的集大成，要把古今中外的音乐知识集在这一卷书内。目前是编综合性百科全书中的一卷。我建议，以后在这个基础上进一步发展，由音乐界组织力量，再编一部音乐百科全书。一般说都是这样的规律，先有词典、手册等工具书，在这些工作的基础上编出综合性的百科全书，再在后者的基础上编出专业性百科全书。例如，《苏联大百科全书》就是在第二版之后开始编各学科的专业百科全书的。

编百科全书，除了"全"和"新"等要求，精确性是第一位的。百科全书可以说是知识的"标准"，读者要用它来解决怀疑的和弄不清楚的问题，有人拿它作为评判的依据，有人拿它作为教材。百科全书必须

---

〔1〕本文是姜椿芳一九八三年五月五日在音乐学科编委会成立会上的讲话。——编者注

要让人们信得过，它提供的应该是可靠的、准确的知识信息。精确性，无论是在政治观点上还是在学术上，都是绝对必要的。精确性，是百科全书质量的第一标准。因此，在百科全书编辑工作中，对于稿件中的学术观点，要经过较多的专家反复讨论研究；对于稿件中提到的事实、数据资料，要经过不厌其烦的核对。在知识内容上，凡是重要的都不能遗漏；凡是多余的、不可信的，都不应该保留。这些要求正是编百科全书比编其他书的难处所在。我们有责任把《中国大百科全书》编成一部在质量上高水平的百科全书，我们有责任使音乐集大成的工作达到现代的高水平。《音乐•舞蹈》卷的音乐部分应能反映中国音乐的面貌，表现中国对世界音乐的了解、吸收的情况。

因此，我们参加编百科全书的专家们就要有一种不怕麻烦的精神。我们编辑部的同志会不断来催稿子，写得不符合要求的还要反复修改，有时不是改一次两次。这样做的目的，就是为了编出一部高水平、高质量的百科全书。我希望大家能体谅，能和我们紧密合作，顺利地完成音乐部分的选条、撰写、审稿、编辑工作。

中外古今编纂百科全书的特点[1]

首先感谢今天各位来参加这个大会！其实在座的各位都是专家，有些同志已经参加了编写《中国大百科全书》的工作，有的甚至还参加了最初筹备百科全书的工作。今天在座的许多同志是从事语言文字研究的，也使用过外国的百科全书。所以对百科全书的了解不会比我少。

《语言·文字》卷编委会现在成立了，今后的工作就由编委会担当起来，我们出版社的一些编辑人员要协助大家做好这个工作。要感谢各位，在座的很多专家都是六七十岁、七十以上了，八十岁的也有。南北各地的语言文字界的专家们，能够荟萃在这里，这不仅是大百科全书的一次很重要的盛会，也是语言文字学界的一次重要的聚会。向各位年高的、外地来的同志表示欢迎，表示感谢！

国外出版界很重视
《中国大百科全书·外国文学》卷的出版

说到编百科全书，一九七八年由党中央和国务院做了决定，要编出中国的第一部大百科全书。具体公布大概是一九七九～一九八〇年。后来就成立了一个总编委会，以乔木同志为首。但是要想把这个总编委会

〔1〕本文根据姜椿芳一九八四年二月二十一日在《中国大百科全书·语言文字》编委会成立会上的讲话录音整理。出席会议的有语言学家王力、吕叔湘、季羡林、许国璋等。——编者注

成立起来，遇到不少困难。首先是不了解各学科的情况，不了解各学科的专家学者的情况。所以总编委会没有成立，先成立了主任、副主任的一个小的委员会，十来个人。现在五年过去了，大部分学科都展开了工作，可以说有六十来个学科都展开了工作，情况多少了解一些，名单也初步拟定了。初定是三四月能开一个总编委会的成立会。在总编委会下面，有各学科的编委会，今天成立的是《语言·文字》卷的编委会。我国在相当长的一个时期里想编、试编百科全书，结果遇到了种种困难，以前是缺乏条件，或者说有条件，但没有办法组织起来，都没能够编出中国的百科全书。现在我们才开始编，已经是晚了一些，党和国家现在支持这件事情，这件事情终于展开了！

刚才季老[1]提到外国文学，因为季老是《外国文学》卷编委会的副主任，参加了不少具体工作。这部书是两卷，三百六十多万字。在百科全书的计划里面，数字量算是比较大的。这两卷书出了之后，自己虽然发现有这样那样的缺点，问题不能算少，但在国内外的反映，特别是听到一些国外的反映，他们是很重视的。去年中国派了一个代表团出席莫斯科的国际书展，陈原同志去了，听到一些情况。很多国家包括苏联，很重视。他们看到中国百科全书上写了这么多他们国家的文学情况，对苏联的过去及现代作品、作家都有适当篇幅的介绍，感到很惊讶！最近，外国文学研究所的张羽同志专门去苏联考察，在各地开会时都能听到他们议论《外国文学》卷的内容。人家在进行很详细的研究。乌克兰研究后说，你们《外国文学》卷一共有多少条、多少字，哪些作家上去了，卷前的介绍、概观性的大条是怎么介绍他们的情况等。看到中间居然还介绍了立陶宛的文学，连总论里还会有他们的作家，共有九条之多，他们说在《苏联大百科全书》也没有这么详细介绍。我们统计下来只有五条，不知他们怎么算的。有许多作

〔1〕季老指季羡林，《中国大百科全书·语言文字》编委会主任。——编者注

家在历史上还是有名的，但在他们国内却被遗忘了，看到中国作为十亿人口的大国出的书，居然介绍了他们的情况，还介绍得相当详细，很兴奋，这个心情，我们可以理解。在德国，也有这个情况。最近北大的严宝瑜同志到德国去开会，人家说：中国受了“文化大革命”时期的宣传、影响，已经对西方的文学不重视，现在排外，不准和外国通信，不要外国人的东西，尤其不要外国古典的东西。恰好严宝瑜同志带了两卷《外国文学》，拿出来给他们看，里面有德国古典的，有对歌德以前的及现代的一些情况介绍，这些人看了都很敬仰。我想《语言·文字》卷两年后出来，同样会受到各方面的重视。外国的学术界都很希望这部书尽早出来，可以为大家提供不少资料。国内的同志，也可以用它来做参考工具书，靠它来查阅他们感兴趣的、有疑问的知识；也可以作为教材、课本来读。

中国编写百科全书型类书的历史沿革

中国古代的类书

在中国编百科全书之前有类书。中国的类书在世界范围来讲，是很发达的，比外国要早。曹丕曾下敕令编的《皇览》，是中国第一部完整的类书。在他以前也有不少类书，有许多虽然不叫类书，类书的名称到后来，恐怕到了晋还是宋才有类书这个名字。过去各式各样的名称，就像字典，到了《康熙字典》才有“字典”的名称。中国人有编百科全书型类书的传统。中国的文人，中国的专家也像世界上的大学问家一样，一开始就要把各种知识能够尽量地写在一本或几本书里传下来。有人说，《史记》在某个意义上说，也是百科全书型的类书，因为它除了写历史之外，还写了经济、地理、天象、文学艺术等。像吕不韦，当时组织了一个班子写了《吕氏春秋》，他把许多科学知识也都放进去了，指南针是磁勺指北等等，还讲到许多合金，最近有人去看了西安出土的秦始皇墓，里面的铜马车，有金、银，还有许多合金的东西。有人还说，并不是到曹丕的时期才有《皇览》这样的类书，在汉朝同样也有类书。像《淮南子》属于百科类型的专著。《两都赋》《两京赋》《三都赋》里面，山川、建筑、街道、草木鸟虫都讲。这也是百科类型的书。就是说，中国的著作家向来是要把各种知识集中起来，写成书，传下来。据统计，一共有四百多种，这些书名都有，但是传到今天大概是一百种。我们真正使用的，只是清朝的《古今图书集成》，编得更加完整，可以说它是类书。《永乐大典》——外国人说它是中国最大的，或者世界上最大的百科全书。留下的已经不多了，字数是很多的，约有几亿字。它是分类抄录、归纳写成的，有的类似丛书。丛书最大的是《四库全书》，也是分类编的，有些外国百科全书条目里说《四库全书》是中国最大的百科全书。看来中国人有编类书的传统。

中国近现代百科全书型的类书

中国现在才开始编百科全书，以前也出过一些，那是小型的、零星的或者是家用的、日用的。三十年代在上海商务印书馆、中华书局等都出过这些类型的书，虽然用百科全书的名字出的书，但还不是现代意义的百科全书，或是我们中国所需要的百科全书，仅是试出过。今天在座的倪海曙，编了一本《中国百科全书的历史沿革》。根据这个历史沿革我们知道，在清朝末年、民国初期、二十世纪初，已经有人计划编中国的百科全书。当初的名字不统一，因为想翻译一个适当的名词，没有找到，后来才逐渐地形成了一个名词，叫百科全书。

一九〇六年，清朝末年的时候，就有李石曾、吴稚晖这些人在法国学习了一些西方的新知识，看到法国哲学家狄德罗编的最早的、完整的百科全书——《百科全书，或科学、艺术与手工艺大词典》，于是计划在中国也要出，结果没能出成。当时李石曾编了一本书，叫做《近代名人》，六十个名人，中间有狄德罗，讲他编百科全书这件事情。中国有一个叫杨子杰的读了这本书，特别是对狄德罗的介绍，他很受启发、很受感动，他下决心要翻译法国《百科全书》，用了十四年的时间，一直到他死，翻了二百多万字，有的是分着出了，但不是用百科全书的名义。后来他的儿子杨家乐，过去在南京中央大学，现在台湾，他又继承父业，还在这方面努力。

王云五在二十年代末、三十年代初，也决心在商务印书馆出中国的百科全书。可不是那么容易，他最先是翻译英国的，过去叫作《大英百科全书》，现在英国把版权卖给了美国，由美国出了。用旧名称——《不列颠百科全书》，所以我们不叫它大英百科，不能说美国出的大英百科全书，这个语言上就有矛盾，我们一般就叫它《不列颠百科全书》。王云五决定先翻译，然后在这个基础上编出《中国百科全书》。结果没有能做成，没有办法收集那么多材料。听说先是找了一批英语、汉语成绩比较好的大学高年级的学生和刚毕业的人组织起来翻译，他决定把全部都翻出来。把翻出的稿子给高水平的人一看，不行，要重来，没有修改基础。假设翻译修改整个《不列颠百科全书》，商务印书馆五百万银元的资本要花掉三百万，这事情是不能做下去了，就停下来。后来他搞了一些丛书，最后他搞了《英华大辞典》。他在台湾，后来去世了。前几年台湾出了社会科学、科技及历史方面的百科全书，共几十本，也算是台湾出的百科全书中的一种。现在还有《环华百科全书》，围绕着整个中华，叫《环华百科全书》。我们也看了，比较简单。数量也不是太大，究竟是出来了。

后来李石曾也一直努力，直到抗战胜利，回到上海，还预备把这个工作组织起来做下去。结果解放战争开始，这个工作又停下来了。解放之后，中华人民共和国的出版总署就建议出中国的百科全书，和乔木商量，因新中国刚成立，事情繁杂，又没能提到议事日程上来。今天在座的陈原同志后来发现了一个材料，说当时确实有出版计划和具体安排。一九五八年之后，大家都知道，三年经济困难时期，这个工作又搁下来。等到我们搞“四清”之后，经济开始恢复，已经一九六六年，又开始十年动乱的“文化大革命”，这个期间更不可能搞百科全书。不过在这个时期，一九五六年、一九五七年开始搞的《辞海》修订工作仍陆续地在进行着。

一九七八年，中央做了个决定，在新的条件下，考虑到必须要出这么一部书，要成立总编委会，成立中国大百科全书出版社。总编委会，以乔木同志为首，算是一个比较高层的机构。但不是在社会科学院和出版局的领导之下，而是一个独立的——中国大百科全书出版社，是在出版局下面的一个出版社，经费、人事、印刷出版、发行都在出版局的领导下进行。出版局现在不是直属于国务院的了，是文化部的。而编书是由乔木同志为首的总编委会领导，乔木很忙，他只是做一些原则性的、决策性的意见，有问题和我们共同考虑，他委托了几个人办这些事情。

《中国大百科全书》的三限定

编写第一版《中国大百科全书》要做到时间、字数、卷数三个限定。

时间限定在一九八九年出齐

到目前为止，出了六卷。《天文学》一卷，《外国文学》两卷，《体育》一卷，《戏曲》一卷，《环境科学》一卷。下个月要出的是《纺织》卷，已经发排的是《法学》卷，要发排的是《矿冶》卷，今年要发排的还有五六卷。同时今年还要发排我们翻译的《苏联百科辞典》，七百五十万到八百万字，它是一卷本，综合性的案头的百科全书。另外，我们和美国不列颠百科全书出版公司定的协定，翻译他们的《不列颠百科全书》中的《简编》，他们的《简编》是三十卷中间的三分之一，十卷。我们有所删节，预备出八卷，加一卷“索引”，九卷，在四月里就要发排。最初的两三卷，都翻好了，校对也差不多了，现在做一些编辑方面的收尾工作。今年出书量比较大，到现在为止，百科全书才出了六卷，和我们总的计划相差太大。

我们当初计划是出五十～六十卷，这个数字从哪儿来的呢？第二版《苏联大百科全书》是五十一卷；西方《百科全书》有的六七十卷，有的七八十卷；像西班牙的，已经出到一百卷，现在是一百卷以上了，还在出。《不列颠百科全书》第十五版是三十卷，《苏联大百科全书》第三版三十卷，像法国的最受欢迎的《拉鲁斯大百科全书》是二十卷。我们计划的五十～六十卷，比他们要多。我们已经进行了具体的安排，包括哪些学科，一个学科要包括多少字。在工作过程中，不是逐渐缩小，而是逐渐膨胀了。现在计划要搞到七十五卷。七十五卷比外国的要大得多了。已经上马的大概有六十多卷。虽然现在只出了六卷，但是已有六十多卷上马了，工作量大概已完成一半以上，分别处于不同的进度，有的刚成立编委会，像我们今天的《语言・文字》卷；有的在组稿；有的还在筹备；有的稿子都有了。

现在开了六十多卷，大部分的稿子都有，要校对，要讨论，要改，要改得符合百科全书的要求，这个工程比较大。计划在一九八九年出齐。现在十分之一还不到，还剩下六年，能不能够出齐，这是我们从事这个具体工作的同志需要研究的问题。许多同志研究下来，有的觉得有点为难，但是我们现在不动摇，还是要按期出齐。

顺便提一下，印刷排版是一个大问题。书编出来，排不出来，不符合我们的要求。书编好了，一九八九年出不来，这是一个问题。上海有个印刷厂，以前利用安徽的一个三线战备工程，小而全，上海优秀的排印力量、装订力量、比较好的设备，都放在山沟里，现在必须运回上海。在新厂没有建成以前，我们要建一个过渡厂，厂里要包括排版厂、铅印厂、胶版厂。现在的生产能力，一年是三千万字，我们假设要一年出十二卷，今后非要一年出十二卷不行，出十二卷就等于出月刊，一个月出一本。这个印刷厂干得了干不了？假设有两千万字拿出来就行。印刷厂一个不行，可以再委托别的厂，可是铅字、铜模、字形都要一致才行，这些问题，我们在逐步想办法解决。

字数每卷限定在一百万左右

编的方法恐怕也要改，我们参观了美国的不列颠百科全书出版公司，也派人到苏联大百科全书出版社去参观过，了解了他们的一些情况。曾经也有人到日本去看过。比较下来，我们的做法当然有些不科学，不合理。在摸索前进，要改。拿一个最简单的问题，我们最初计划是一卷一百万字左右。左多少，右多少？右是八十万到一百万，左到一百二十万。可是现在已经突破了。一百万字挡不住，一卷至少要一百二十万。假设再加上图、附录、索引，要一百五十万字一卷。现在好多卷书都已超过，像刚才说的《外国文学》卷，就到了一百八十万字一卷，两卷三百六十万字。现在有些卷还在超，正在进行的《文物·博物馆》卷，它要二百万字，各学科的人就要求我们另外再出一卷。字数在膨胀，内容多是一个因素，但是学科在膨胀，这跟指导思想有关系。要求多、细、全，这个和我们综合性的百科全书的要求不完全一致。

我们《语言·文字》这一卷，照现在的情况，不超过一百万字，就算是最合乎我们理想的，现在的字数报上来还缺两个分支，是八十万字，加上那两个分支就到一百万字了。

中国是第一次编大百科全书。我们编的是综合性的百科全书，各学科都有，所谓人类的全部知识都用百科全书的形式，用条目的形式把它编出来，范围相当大。另外一种百科全书是专业性的。文学就是文学，历史就是历史，军事就是军事。这种专业的百科全书，求细、求全。我们现在从事编书的人，一编就想编出个专业的百科全书，而不是综合性的百科全书。所以造成这个情况是由我们的计划、我们的整个安排引起的。

外国的综合性的百科全书，全部按照字母顺序来排，不管你哪个学科，编好了，就按照这个字母顺序排。它是考虑一卷多少字，多少厚薄，而不是说有的可以一百五十万，有的可以一百八十万。而且它的计划，确定了是三十卷，一卷多少，就是那么点字数，不能膨胀。苏联的一个经验，他们编第二版百科全书，也觉得膨胀得厉害，该怎么出第三版？他们先出最后一卷。就是把这个路打断了，就到最后一个字母，不能再增加了，人为地来限制自己，不要扩大。可是我们现在做不到，我们是按照学科来出的，一个一个学科，都想搞得全一点、多一点，这也是一个好的情况，但是免不了倾向于专业百科。我们一再要求大家，我们编的是综合性的，不是专业性的，去限制它、束缚它。但是束缚不住，还是有所扩大。

专业与综合经常在斗争，弄到现在，我们出的百科，不管是《天文学》卷还是《外国文学》卷，外国人一看，中国出的百科全书怎么这么全、这么多。外国综合性的百科全书都没介绍到这样全。所以刚才说，乌克兰、立陶宛、德国，看我们介绍这么多，他们的百科全书里面也没这么多。《天文学》卷拿出去，简直差不多是一部专业的《天文学》。有许多人赞美，甚至《不列颠百科全书》的总编辑前年到中国来，他说：看样子我们不列颠也得这样出。这当然是另外一个极端了。现在中国编的大百科全书是综合性的，其实编着编着就编得有点像专业性的了，但是我们也不能让它变成真的专业性的。真的专业性的，内容还要多。很像是有一点综合又有一点专业，我们就叫它“准专业”或者是“准综合”。但现在我们被许多人要求：我这个学科不是一卷，要两卷、三卷。比如《经济学》卷，计划是两卷：经济学，部门经济，世界各国的经济这些方面。《世界经济》独立一卷[1]。《经济学》现在两卷不够，要扩大成为三卷，那么经济学就一共四卷。《中国历史》三卷，《外国历史》两卷。外国历史的同志就说，中国历史内容多，可以三卷，那外国历史涉及这么多国家，你就出两卷，不够啊。我们还在压，还是限于两卷。《生物学》有四卷[2]，《地球科学》有六卷。缩也缩不了，因为每一卷里面包括好几个学科。

字数多一些，卷数多一些，是不是真的就比人家的三十卷，不列颠的或是苏联大百科的多？多多少呢？我们从字数上算下来，我们的七十五卷要超过一亿字，大概一亿多一点。《不列颠百科全书》假设翻成中文，是七千五百万到八千万字，就说我们的卷数比他们的多，但是字数并不超过太多，原因呢，就是他们的开本大。我们是小十六开，他们是大十六开，甚至有的是大大十六开，它的字小，这是有所不同。而且内容，我们字数多，除了《中国历史》《中国文学》，就是人文科学方面的，我们的量比他们大。另一方面，我们确定一个原则，中国的当然是主要的，世界各国的都要有，第一世界、第二世界要有，人家不重视的第三世界，我们也要有，而且量还不少，所以我们出去的书，人家一看，外国文学把东亚、南亚、北亚、西亚、东南亚这些国家的文学都充分地介绍了，非洲的、阿拉伯世界的、拉丁美洲的，都相当详细地介绍了，这个量就大了。美国的也好、苏联的也好，在这方面没有这么大的篇幅，这个也是使我们增加了字数的原因。我们要编的书是六十多个学科，可能要达到七十个学科，七十五卷。即使将来再增加，我们也

---

〔1〕《世界经济》出版时，未纳入《中国大百科全书》系列，定名为《世界经济百科全书》。——编者注

〔2〕《生物学》卷出版时，缩减为三卷。——编者注

要打住，要增加是内部调整。七十五卷出来之后，假设还要增加哪个学科，再临时加上。而这个七十五卷，要在一九八九年出齐。我们要有时间、字数、卷数三个限定，使它们不要超过，假设要超过，那是以后的事情。

卷数限定在七十五卷

现在按照学科来分、来编。到第二版，按照字母顺序来编，那就不会是七十五卷，我们计划不会是三十卷，可能是四十卷左右。因为有一些东西，交叉重复的没有了。第二版的字数比现在要少得多。第二版的大百科全书，更符合现在世界各国的趋向。因为这个趋向也是很科学，很自然的。你量大了，用起来不方便，不要说售价高了，许多人负担不了，就是存放起来也有困难。第一版七十五卷，你出了第二版，又是四十卷，你摆哪儿去，怎么摆？

自从《中国大百科全书》在一九七八年开始筹备，一九八〇年出书以来，中国的出版界开始了一个热潮，这一个热潮就是许多学科、许多科研单位、许多出版社都要出百科全书了。有的出专业的，有的出综合的。《医学百科全书》已经在出了，《农业百科全书》今年也出一卷，那是专业的。我们搞一个《建筑》卷，《建筑》这一卷里就包括城市规划。城市规划部说：不行，这个不能包括在《建筑》卷，至少我要搞一卷《城市规划》。协商了许久，决定出一卷《城市规划》，可以把它作为百科全书的一卷，那是卷外卷。《城市规划》卷包括了建筑。《建筑》卷认为，城市规划内容应包括在《建筑》中，《城市规划》应当重编。又如：电子学包括计算机，计算机技术发展得很快，计算机比电子学的规模还要大得多，所以电子计算机要另外出一卷[1]。

〔1〕出版时，《电子学与计算机》为一卷。——编者注

相反的，它不但和它并行，还超过了它，诸如此类的问题不少。所以我们还是确定这么一个规模，出七十五卷。

世界各国编写百科全书的历史沿革

人类有一个美德，即通过知识，然后积累知识来使自己逐步地向前发展。自古以来有大学问的专家们，都要把这些知识变成书，在当代散布，为后代流传。据调查，埃及早在公元前十七八世纪就已经有辞典，有百科全书类型的书，但是现在看起来是不完整的。中国周公就开始编《尔雅》，他们把周公以前几代的典章、文献整理后，又逐渐增加，带上一些知识性的东西。孔子在公元前六世纪到前五世纪，已经编了不少书。西方在公元前五世纪到前四世纪古希腊的德谟克里特，公元前四世纪的亚里士多德也写了不少书。古代的学者每个人各种学问都懂，而现在就越来越专了。西方有些国家把亚里士多德称为百科之父，但是也有人认为，应该是德谟克里特比他早一百来年。到十六七世纪，西方编的书大多属于教育方面，教育必须要编百科全书类型的书，那还不是现代用的百科全书。现在意义的百科全书，西方国家一般都认为是从狄德罗十八世纪中叶编的《百科全书》开始，当时它不是真正的百科全书，它叫《百科全书，或科学、艺术与手工艺大词典》。

一五五九年，有一个德国人叫斯卡利杰，侨居法国，用法文编了一部书就叫《百科全书》。可是这部书大概编得不够好，没怎么流行。过了一百年后，又有人用法文出这类的书，可能也是德国人，也没有流行开。一七五一年开始，狄德罗编的《百科全书》，才是今天真正的百科全书类型的书，离现在有二百多年了。《不列颠百科全书》在法国的《百科全书》后面。因为狄德罗遇见伏尔泰、孟德斯鸠等许多人，是法国的启蒙运动者。那时候，法国都是一些唯物主义者的科学家、哲学家、数学家等，启蒙运动者——他们称为百科全书派，出了法国的《百科全书》，宣传唯物主义的思想，当然是资产阶级的，有一点形而上学的唯物主义的观点。把过去所有的学问都重新检查过，用新的观点来写条目，这本书在狄德罗主持下编了二十一年，十七卷，加十一卷的图。有图也是从狄德罗开始的，合起来是二十八卷，后来他不参加了，由别人继续写下去，大概一共有三十五卷，它是宣传资产阶级的自由主义、自由竞争、反对宗教、反对封建的这么一部思想上很进步的书。

之后英国人才在爱丁堡出了《不列颠百科全书》。第一次只出了三卷，这套书在思想上预备抵抗法国《百科全书》的保守主义，用封建思想来对抗它。可是后来这部书也不得不走向狄德罗那样的路，重视工业、重视机械，对英国、欧洲一些国家都起了很好的作用，工业发展了，资产阶级经济越来越发达，形成了后来的帝国主义垄断集团，都与《百科全书》重视工业，重视生产，重视自由竞争，重视新思想，否定封建、宗教迷信的东西有关。虽然到现在，西方百科全书宗教还是占了很大的部分，但是工业方面、知识方面的内容越来越多。狄德罗的《百科全书》开创了这个局面，以后英国、德国，接着美国，之后俄罗斯、意大利、西班牙都陆续出百科全书。美国出的《美利坚新百科全书》，还邀请了马克思、恩格斯撰写条目，他们写了几十条。从那时候起，百科全书就在思想上、政治上、工业上起了很大的作用。在近代史上，使经济发展，科学文化昌明，加快人类进步的速度，都与百科全书有一定的关系。法国大革命也是由于狄德罗主编的《百科全书》动摇了封建宗教迷信的思想，才掀起了十八世纪末叶的法国大革命，所以它称为百科全书派，那是有道理的。百科全书不是写一本、两本书，不是在某一个领域里面讲讲新思想，而是要在各个学科的领域里都讲新思想，都要推翻旧的东西，因此会广泛传播，使人民发起运动，推翻封建统治，建立共和国，搞资产阶级大革命。这些运动从法国又扩大到全欧洲。后来苏联编的百科全书，俄国编的几种，他们力量不够，有的是靠德国人和俄国人一起合办，书的印刷工作靠德国人。列宁写的百科全书几个条目就是在俄国的《格拉那特词典》上——德国人和俄国人合办的。马克思、恩格斯、列宁都对百科全书很重视，在他们的著作里面都有好多地方谈到百科全书的用途，他们亲自为百科全书写条目。列宁在十月革命之前写了一些书，就是用拉鲁斯的小百科作为参考书，用得很得心应手，要查某个人，生卒年，有些什么著作，一翻就是，不需找许多的书，也不用找大部头的百科全书。正因为这个缘故，所以列宁在十月革命之后就提出，苏联要编一部新的百科全书。

假设狄德罗重新检查封建的、旧的宗教迷信的思想，写出资产阶级唯物主义思想的《百科全书》来，那么在十月革命之后，人们应该用马克思主义的观点重新检查资产阶级在各学科的思想，写出用马克思主义为指导思想的新的百科全书来。在一九二二～一九二三年的时候，由布哈林主编，出了苏联的第一版《百科全书》，这部《百科全书》直到一九四一年卫国战争的时候还没出全。到胜利了、一九四五年的时候，觉得内容还可以，一九四五年之后觉得这些东西太陈旧了，要出新版，那就是五十一卷的第二版，最近又出了三十卷的第三版。

百科全书在发展，编法也在发展

我国第二版的编法要与第一版的大不相同

我们计划在第一版出齐，一九八九年之后或者一九九〇年，就要出中国的新版——第二版《中国大百科全书》。百科全书大概过个十年就得修订、再版。《不列颠百科全书》就是这样，苏联差不多也是这样。我们假设要在一九九〇年出第二版的话，那么一九八六年就应开始编，就是说第一版还没有出齐第二版就要开始编了，有了这五六年的经验，再编第二版，会更符合百科全书的要求，一面出第一版，一面就得筹备研究怎么样出第二版，做法要和现在不同，或者很多地方要大不相同才行。

互相学习编纂方法，对编好本国百科全书大有裨益

苏联出了第二版之后，它的各种专业性的百科全书就都陆续出来了。有些专业的百科比西方出得还早，比如数学，它就有高等数学、初等数学两种专业的百科全书。顺便说一句，一九八〇年我们到美国去参观，看到苏联高等数学的百科全书，被美国麦克米伦出版公司全部翻译成英文出版了。美国方面很重视苏联百科全书。不用它的图，只是把文字全部翻出来。我们现在翻译苏联的百科全书可能性不大。过去是选了一些条目，现在我们翻译它的《百科辞典》，一卷本的，七百五十万到八百万字。美国在这方面做得比我们还要多，苏联也在译美国的东西，有的不公开发行。在百科全书上互相学习编纂方法，对编好本国百科全书大有关系。我们对苏联、美国的研究还不够，我们已经学了苏联的一些东西，人家走过的道路，我们现在也在摸索着走，既然这样，为什么不参考一些人家的呢？所以在这个问题上，我是附带说一说，说我们以后要编新版。说到新版，美国的《不列颠百科全书》出到第十四版，没大改，到了第十五版才大改。第十四版实际上一年重印一次，五十年间出了四十多版，约是一年出一版，我们在解放前从香港买进来的，等于是从美国买进来的百科全书，它是每年重印，新的资料又没有上去，但也没有重编，也考虑到读者的需要和困难，一年出一次，价钱很高，人家不能一年买一套。所以它就把在哪一页、哪个条目下面的新材料印出来，让你可以加到里面去。最近，才用四五年的时间编出了第十五版。

百科全书在发展，编法也在发展。百科全书已经从中世纪以前的教

育性的变成了工具书，变成了参考书，变成了今天这个形式。在国外特别是在美国、英国，百科全书是大学生必备的参考资料，要使自己学习效率提高，不能老跑图书馆去找书，要有综合性的百科全书在身边，可随时查，老师讲课时，讲到什么问题，让你去看百科全书什么地方。百科全书可以自己买，也可以租，毕业的时候还掉。百科全书不仅仅是大学生用，家庭里日用也有。各国的科学知识普及提高与百科全书的编辑出版发行大有关系。

以前我们没有百科全书，现在要有，我们要考虑编成什么样更符合读者的需要，这是我们现在要做的事情。苏联的百科全书有大百科，有小百科，有百科辞典，另外有许多专业的百科；日本现在出的百科数量很多，因为他们有好多个出版公司、出版社在搞。你搞一套，我另外搞一套，某大学又搞一套。美国、英国也是这样。商务印书馆的陈原同志说百科性的辞典，上海有个辞书出版社，也出这种百科辞典。今后究竟应该怎么全面规划，这是出版界考虑的问题，可能在今年下半年要开一次辞书的出版工作会议，要更有计划地进行。

我们编写的百科全书要说明几个问题

按学科分卷的方法与第一次编书及国情有关

为什么我们要按学科分卷出书，这与第一次编书有关系，与国情有关系。假设我们依照国外的出法——按照字母顺序排，那么我们这部书现在还不能出版。现在出了六卷，虽然不多，但是毕竟出来了！要把各学科的条目都写好、校对好，打乱，不分学科，按照字母顺序重新排过，那么出版期要晚得多。我们现在编好一个学科就出一个，能早些和读者见面，而买的人又可以只买一卷、两卷，搞语言文字的就买《语言·文字》卷，他还想买《中国历史》《中国文学》卷可以，不买《戏曲·曲艺》《音乐·舞蹈》卷也可以。那将来你出一套三十卷、四十卷，要买就要买一套。今天我们的出版条件较差。美国《不列颠百科全书》，在芝加哥附近一个城市里专门办了一个印刷公司，印百科全书，不仅印不列颠的，别的百科全书也印，它的生产能力很大。《不列颠百科全书》三十卷，一次排好，一次都能印出来，三十卷可以同时发出。现在我们，包括苏联，三十卷也只能一卷卷地出，拉长了时间来出。苏联第二版的五十一卷，中国五十年代不也买过它吗？一年买一卷两卷，只能这样。印刷厂要是能够一次印出全部书来，要有很大的生产能力。那年我们去美国看了这个先进设备，据说美国也只有两个印刷厂能一次印出三十卷百科全书。我们还只能一卷卷地出，一年出十卷、二十卷。所以我们今天按学科出，是适合目前形势的。将来一定要改变，改变也不能搞七十五卷，就出三十卷到四十卷，现在这是一个权宜之计吧。

我们的百科全书采取中条目加小条目、大条目少的编法编

百科全书有个怎么编法的问题。调查研究下来，像《不列颠百科全书》，西方一些百科全书，包括苏联的，都以长条目为主。《不列颠百科全书》基本上是长条，像“中国历史”这一条，它里面有英文词十五万以上，一个一个词（word）有十五万，要翻译成中文将近三十万字，不只“中国历史”是长条，其他长条还更多，说明他们还舍不得离开大条目这个传统，除了大条目详编外，还搞了一个小条目《简编》。这里有个矛盾，大条目的百科全书，小条目少或者是没有，读者使用不方便，他要急于解决一个问题，就要看整条，几万、几十万字的一条去找所需要的，很麻烦。工具书需要翻阅检索得快，因此就发展了另外一个阶段——小条目的百科全书。在最近的五十年左右，一直在进行这种大条目和小条目的斗争，你是出大条目的百科还是出小条目

的百科，小条目翻看方便，解决问题快，可是不系统，系统的是大条目。《不列颠百科全书》为了解决这个问题编出第十五版，它的编法相当特殊，也就是在我们筹备《中国大百科全书》之前，周有光同志送给我一个材料，介绍美国第十五版的，它是三十卷，一卷是总条目，很像是我们的框架条目，再有一部分是十卷，都是小条目，现在我们翻译的是这部分，叫作《简明不列颠百科全书》，当初我们翻译成《微观百科》，另外十九卷是详详细细的大条目。我们一查，小条目的十卷有十万条，而长条目的十九卷，只有四千多条，一条总是几万字以上，有的三十万、四十万、五十万字，那是讲得很详细、很全面的。我们的百科全书采取的是中条目加小条目，大条目少。日本走了另一条路——折中，中条目。《不列颠百科全书》以大条目作为它的特点。第十四版里，有些大条目是世界上有名的作者写的，像“物理学”这一条，由爱因斯坦来写；“社会科学”这一条，由萧伯纳写，英国认为萧伯纳是欧洲的社会主义者；关于“列宁”“俄国革命”等条目，由托洛茨基来写。它请世界上最有名的人来写条目，写出来的必然很大。用这种方法大肆宣传它的百科全书。我们现在不采取这个做法，好像是折中，我们两方面都考虑到。

按学科分卷的方法，解决交叉、重复是个关键问题

知识这片汪洋大海，内容浩繁，按学科怎么来编？古典的办法，那是从狄德罗开始，主要是靠培根的分类法，很科学，培根对百科全书做了很大的贡献。可是这一回《不列颠百科全书》又采取了更新的办法，他们搞出十大类，画一个圆圈，中间一个小圈，主要是“能”，认为世界的知识，世界的一切，就是一个能源，有了这个能，太阳能，再有地球；地球里面有各种各样的物质，地下、地上；有了地球，然后地球上才出现植物、动物；然后才有人类；有了人类，然后才有知识；而知识，

宗教，然后文学艺术，从历史到近代，又有各种科学知识，用这个方法来分类、来处理。现在欧洲有许多国家的百科全书学这个编法。

现在我们遇到一些问题：怎么分类？哪个归在什么地方弄不清楚，起初还以为数、理、化、天、地、生，然后是文、史、哲、经这么分，现在自然科学方面的许多东西很难分，交叉重复很多，就要考虑侧重在哪里？这个问题很费力。现在交叉、重复还是有，尽量减少。《环境科学》卷编出来了，里面有许多讲的是物理，还有讲动物之类的，还讲大气，都与别的学科有关系，可是你不这样做，《环境科学》这一卷你就编不起来。编《医学》卷，你分内科、外科、儿科、妇科也不行，好多病，妇科里也要讲，小儿科里也要讲，一般的内科、外科也要讲，怎么把它组织得更合理？我们遇到的问题不少，要确定一个学科包括什么内容，本卷之内的重复、这一卷和别的卷的重复、和别的学科的重复，都要想办法解决。所以编百科全书，“分类”这个问题很头疼。现在美国是这么做，我们该怎么做？我们还按照这个旧有的方式编下去。

百科全书的体例，
参见的办法是百科全书编法的一大进步

体例上的问题很复杂，我们搞了一套体例，百科全书都有许多体例，规定怎么写。需要搞一个框架，把条目列出来，有大、中、小条目，是分层次的，上、下的关系都要弄清楚。假设不弄清楚，一个条目交给某一个专家写，他往往会写到上面去或者下面去、左面去、右面去，扩大了；别人写的条目也会写到他身上去。所以要有框架，各条目要有详细的规定。你们现在就要开始写了，我们还可以请一些同志和大家详细讲讲，免得走弯路。体例有各种各样的要求。

对百科全书有重要贡献的，是英国的哈里斯和张伯斯，是他们开始用“参见”。“参见”另一条讲什么，还可以参考哪几条……它都注明。因为你既然分成许多许多条，你不可能很全面地讲，怎么办？你看这一条有所不足，哪一方面的问题你可以去“参见”哪一条，这样会更完整。“参见”的办法是百科全书的一个进步。而有的参见还会有参考书，参考书不是我们原来理解的那个参考书，不是说我写这篇文章或者写这个条目，我参考了什么书写的。我们百科全书的参考书目是说这一条我讲的是什么问题，你要深入，你要多了解，除了“参见”之外，你还可以看什么专著、什么书。百科全书的一个很大的作用，就是引人对知识发生兴趣，引人进入知识之门，然后还要引人再深入，成为这方面的专家。据调查，有许多现代的专家，是自学成才的，开始就是从百科全书里面来取得启发，学校里培养出来的当然有，还有许多是社会上自学的人。这样的参考书，不是一国的，是世界范围内的，我们的参考书目，也考虑到这一点。先考虑到国内有哪些专家的作品，也考虑到外国有哪些翻译成了中文的，都要注明出来，没有译的，把原文列出来。

百科全书的体裁

百科全书的条目怎么写？辞典有辞典的体裁。我们过去的《辞源》《辞海》，现在新的《辞海》，它有它的写法。百科全书内容、字数都比它多，又不是写论文，也不是写心得，也不是作为一个专门问题研究后写出这个“介绍”来的，百科全书条目的各种要求体现在我们的文字上，我们出了五六卷，也编了不少卷，还没有发排，还在讨论过程里面，摸索了一下，要注意的问题不少。《语言•文字》卷，今天来的都是专家，你们更知道怎么来运用这些方式。忌讳的东西也很多。倪海曙同志在我们筹备的时候就强调，不要文、白夹杂在一起，这也是忌讳的一条，不要像写文学作品那样，不要夸张，不要华而不实……我们一个搞修辞的同志叫王伯恭，他写了撰写百科条目十忌，以后我们可以看到他的材料。我们还在创造中，创造出中国百科全书的条目的体裁。写条目和写一般文章不一样，因此，写的人就要摆脱自己的旧有习惯，要从写文章、写学术论文、写讲义、编教科书、写报刊文章等方式中跳出来写条目。有人觉得讨厌：我写了一辈子的文章，你还要改我的？百科全书写起来也太麻烦了！百科全书有自己的要求，不得不如此，所以专家、学者写的东西常常也要修改，共同讨论。有人说都按这个套路来写就没一点文采了。也不是，还要有一定的文采。外国、中国的经验都是这样。我们碰到外国编百科全书的人，谈谈苦乐，都是相同的。有人说我写的东西不能改，甚至提出坚决不能改，这就很困难了。据英国的一个百科全书的编辑讲，他们找到了一位伯爵，很有地位，请他写一条，他说不允许改。后来编辑部把它改了，拿个样子给他看，看了以后，他说需要这样改，否则我那样写法不能发表出去，发表出去对自己的身份也不好。

总之，我们处处要考虑到百科全书是综合性的，不要写成专业性的。综合与专业不一样，详细到什么程度，要用多少字数，这个都有个分寸。现在因为分学科出，会有点倾向于专业，这个倾向也算我们的特点之一，也不可能让人家改了，叫他“准专业”或者“准综合”都可以，但是不能再详细了，这一点要强调。条目一条一条，好像一个机器，一个个零件，有大、小，有主件，有次件，是分开的，把它们组装起来就是一部机器。

分类目录是我们百科全书的框架，便于读者查找、学习

我们每卷前面有一个分类目录。分类目录就是我们的框架，这部书

层次是分明的，有一千条还是有八百条，这个一千条八百条层次是怎么样，怎么把它分类的，这个表就放在这本书的前面，每一条下面有页码。读者要知道这个学科包括些什么内容，看分类目录就可看到一个学科的全貌，根据这个全貌来找到你所需要的那一条、那一页。外国百科全书里是没有的，外国百科全书完全按照字母顺序排，其实更需要有这个学科分类表。怎么搞这个分类表？按照一个一个学科分，恐怕要占一卷的篇幅。所以他们没有，我们有。因为我们是分类编的。不仅如此，外国的百科全书注重商业性，他们不愿意在百科全书里面出现一个分类目录。分类目录一出现，就泄露了它的商业秘密，别的出版社可以按照它的分类目录来编书了。所以你拿了他们的一部百科全书，要查某学科的系统包括些什么，找不到的！只能一条一条去查。比如说我们要查语言文字，到《不列颠百科全书》去找，找不到它的系统，要把所有与语言文字有关的条目都找出来，然后我们再研究它的一个框框、一个架子是怎么排的才能找出来，现成的是找不着的。我们有人到日本去，到一个出版社，问他们要分类目录，他们说这个不能给你。

另外一方面，外国编百科全书的人告诉我们说，你们分类目录，这一卷有多少条目、怎么排的、按照什么系统来的，一登在书上，人家就可以看出你这本书的质量怎么样，他就会马上发现你缺少什么。也就是说，没有这个分类目录就可以藏着自己编的缺点，它不把真相拿出来给人家看就是这个原因。这一点我们不管它了，我们还是把分类目录都拿出来，藏着掩护自己，这不是一个办法，我们还是把全貌拿出来，便于读者查找、学习，读完这一条再读另一条，可以系统地读，是一个学术的东西。每一个学科都来一个分类目录，确实有困难。我们也发现，外国的百科全书确实有这种情况，有些条目它就漏掉了、没有了。最近我们编一个《外国文学》卷的条目，李健吾同志写了一条“普鲁塞尔”，我去查《苏联大百科全书》是怎么写的，结果找不到这一条，没有。它是漏掉了，还是对他有意见？曾经有人敏感地说，也许“普鲁塞尔”的观点与政府不同……不同也应该有啊，它就是没有，而新版里又有了。所以藏着就有这个弊端，你要不查这一条就不知道，查这一条就发现这么一个问题。

中国百科全书要有自己的特点

不采用贴标签的办法

百科全书有许多特点，中国百科全书的特点之一就是用马克思列宁主义、毛泽东思想来指导它，反过来又不是老用这些话，不是说马克思怎么说的，列宁怎么说的，用不着。我们用这个思想，用这个辩证唯物主义、历史唯物主义的观点来写这些条目。不采用贴标签的办法。再比如，是不是要把伟大作家，伟大科学家，用“伟大”之类的字眼，或者是“杰出”，或者是“优秀”？我们应该不用。歌德就是德国作家、诗人，“伟大”这些字眼都不要用，但是正文里面可以讲到他的贡献、他的伟大意义，都可以讲。

介绍外国的东西不能人云亦云，中国的特点要突出

要把中国的特点介绍出去。我们《天文学》卷出去，把中国古代的天文学家、天文史、星图、历代的仪器、历书，用条目、图片表现出来。有些专家研究了好多东西，以前人家都不知道。把《中国文学》卷介绍出去，我们先秦怎么样、秦汉怎么样……一直到当代，这个书正在编，预备到今年年底能够把它编成。在外国百科全书里，有关中国的条目很少，而且往往是有错的，还错得可笑。因为他们没有资料可依据，《不列颠百科全书》动员了好多中国人写，大概主要是在国外留学的或是美籍华人写条目，他们对中国的情况太不了解，有些内容都是错的，这个情况我就不说了。在西方，马克思早就指出，在他那个时代，英国

的、法国的有些就是抄德国的，德国的也抄别人的。有的可以抄，基本知识可以一样的。抄也不一定是一字一字地抄，乔木同志就讲：我们天文学怎么编，人云亦云吧。人家这样说，我们也这样说。不行！我们写的中文要有所不同，也并不是译过来就完了，译德国的，或者有些译英国的，都要参考着来搞，这是编百科全书的基本知识！介绍外国的东西也要有我们的特点，中国的特点要突出。

我们也要介绍第三世界

我们是一部世界性的百科全书，古今中外都要有，不仅仅写中国。有些卷，只有中国的，像我们《戏曲•曲艺》，这卷已经出版了，只有中国的。《戏剧》，就是话剧的那个《戏剧》卷，古今中外都有，《音乐•舞蹈》卷也是古今中外都有。历史有《中国历史》《外国历史》卷，是分开的。

整理旧的，开拓新的，包括外国的东西，编出具有中国特色的百科全书

我们今天要把百科全书编好，有条件。但是编法有所不同，不像过去类书那样，把书上已有的东西，分门别类编进来。它是要有最新的知识，要有外国的东西。鸦片战争以来，中国出的类书很少，到了中华民国时期，在二十年代，北洋政府出过一本不太详细的类书，从那时以来，就没有再出过类书了。经过了一二百年，这么长的阶段，接触了外国的知识之后，应该把世界上的许多知识都包括进去，编出今天的《中国大百科全书》。值得注意的是三个“两千”：①中国从古到今，纪元前就开始，统计下来大概有两千种类书；②中外古今编百科全书的历史有两千年；③国内外的，包括类书和百科类型的以及现代意义的百科全书，全世界大、小国，一个国家编好几种的，有综

合的，有专业的，到现在为止，算起来大概也有两千种。这给我们这么一个概念，百科全书有这么久远的历史，有这么多积累的东西，有这么普遍的成就。

现在国内也掀起了编百科全书的热潮，这个热潮很值得关注，中国文化从现在开始，整理旧的，开拓新的，把外国的知识都包括进来。现在我们对外国东西知道的还是少，资料很不够。我们的《外国文学》卷拿出去，人家是赞美，满足了他们的愿望。虽然我们把他们的东西弄进去了，但他们还是有意见，说：三十年代、四十年代、五十年代的东西有了，但六七十年代的没有，八十年代的更谈不上了，我们文学家也写了许多作品，很有名，但你们没有包括进去，那么别的方面你们又做得怎么样？《语言·文字》卷照样有一个外国的部分，我们也不是一般介绍，最新的知识也要包括进去。

人物上书问题

最后一个问题就是“人物”。各国的，包括《不列颠百科全书》，开始的时候没有“人物”，经过许多年，慢慢地才有“人”，起初只有一些故世的科学家、历史学家，到近代，不仅有故世的人物，也有当代的、健在的科学家。最近十年左右，还有一些比较年轻，甚至很年轻的科学家，三十几岁甚至二十几岁，也能上书。我们的《辞海》只收去世的人，在世的人一概不收。那是过去的一个想法：活着的人上书，这个活着的人还在变嘛，也许变成反革命，怎么办？人到了盖棺才能定论。我们编的百科全书，活人要上书，这是世界的潮流，是各国编百科全书的趋向。在这个问题上，我们遇到了不少问题。有许多学科就是不想把活人摆上去，编的人说我的名字不要上书，我不上，别人也别上，那么他就做了一个决定：活人一概不能上书。我们说这是我们的体例，这是我们必须做的，《法学》卷就遇到这样的问题。活人不上去，去世的法学家也不能上，怎么办？一再说服，稿子不发了，压下去。这是一种情况。另外一种情况，对活人要求更严格一点，完全有必要，但是不要压得那么少。天文学是四个人，天文学界说，第二代的人上一个，那就是一大片啊，为了这个缘故不肯上一个。现在一看，第二代好多人的成就已经超过第一代人。外国的百科全书里，科学上有什么贡献的，哪怕他只二三十岁也要上。我们也应该有这个胆量，用这样的气魄来做。过去上得少，现在别的学科上得多了，不平衡啊，要看具体情况，该上的还是应该上。《戏曲·曲艺》卷，主编们掌握得很紧，我们一再说要放大，就是不肯，怕上去一批人。京剧，你上去一个，一大片啊。结果京剧只上了一个，侯喜瑞，书还没出来他就去世了。侯喜瑞八十多岁，他上去，戏曲界、京剧界没一个会反对的，就是这么一个不被反对，上别的人就会说"上他，怎么不上我啊？"周扬同志是我们总编委的副主任之一。我把这个情况跟他说，我说你们连张君秋都没上，他说张君秋应该上去吧，活着的。然后他们还是不肯，最后发稿了总算是把张君秋放上去了。整个戏剧界，活的人就上了六个。京剧是侯喜瑞，上海的越剧是袁雪芬，广东的粤剧是红线女，豫剧是常香玉，就这几个例子。

看来我们《语言·文字》卷不要卡得那么紧。许多人物上书，除了编委、撰稿人上书之外，另外有专条，在语言学的研究上、著作上有贡献的就应该有嘛。我们不仅仅在国内让读者知道，我们语言学界有哪些有杰出成就的。在国外，日本说，我们知道你们有谁，怎么你们书上没有，难道又是因为什么政治问题不能上去了？这个不好，所以有成绩还是要上去。还有就是台湾的，这也是我们的方针之一。台湾的人要适当考虑，有成就的，为了照顾到这方面，天文学就上了一个，台北天文台的，原来没有，后来加上的，现在去世了。有的人说，他是外国人，入了美国籍了，还要他吗？就算他是美籍华人，没关系。你打开外国的百科全书，许多人都无法定国别，这个人是英国、法国还是德国人呢？他在德国出生，在法国长大，后来到了美国去著书立说，你说他是哪国人，他入了美国籍了。所以我们的百科全书要解放思想，扩大眼界，要符合世界的潮流。

编好中国的百科全书是我们义不容辞的责任

《不列颠百科全书》和我们定协定，今年三月要发稿，本月二十六日，美国派来一个六七人的代表团，跟我们谈最后的审稿问题，周有光同志也参加了这个委员会。他们的希望之一，就是在不列颠《简编》上把我们中国条目放上去，把他们已经有的中国条目能够改正补充，再加进新的东西。他要把这些材料，加到英文的百科全书里去，他想在世界百科全书出版界里，对中国部分有更深材料的介绍，有突出的地方。这样一个世界范围发行的《不列颠百科全书》，能把中国方面搞得更完整，当然我们很欢迎。昨天我查了两百多年前的《不列颠百科全书》第一版，三卷，中间有一条是讲中国的，只有五六行字，它把中国和鞑靼民族连起来写，说中国一部分是鞑靼，鞑靼是指蒙古，说是满洲人，有一部分在俄罗斯，一部分在中国，一共有多少个城市，大致有多少居民，这么一条，对中国了解太少。但是关于中国的语言文字，写得还比较多一点。已经到现在了，许多外国的百科全书里对中国的介绍还是有不少错误，并且好多东西都没有。我们调查了一下，中国的作家、诗人，就拿古代的屈原来说，大多数百科全书都没有，只少数几个有屈原。甚至《拉鲁斯大百科全书》这么一个有世界声誉的百科全书里，也会把宋庆龄写成宋美龄，居然宋庆龄和孙中山坐在一起拍的一张照片，下面的注解却是宋美龄，一字之差之类的错误很多。编这部书是国家和党给我们的任务，我们要很好地完成。不仅是一个学校、一个科研单位、一个出版社的问题。这是我们能够在短时间里编好书的重要的保证。外国人现在很需要中国方面的知识，要把我们资料弄到他们的百科全书上，扩大中国在世界上的影响。从这个意义上讲，应该感觉到中国人有这个责任，要把我们百科全书早点编出来。今天我拉拉杂杂讲了一些，有的是讲过的，有的是没提过的，有的是我研究的，也不深，我们社内还有一些年轻人，还有不少的东西，以后可以在你们撰稿的时候再来介绍。

谢谢大家！

《数学》卷的调整和平衡〔1〕

首先欢迎各位《数学》卷的同志们！现在稿子写完了，有了计划、时间的安排，从这一点上讲，我们可以说《数学》卷是大功告成了！这次会议是一个庆功会！

同时，为了把这个工作做得更好，有些问题，特别是遗留下来的问题需要各分支的专家共同讨论，有些稿子要做进一步的审查。现在到了最高、最后的阶段，整个框架，也需要再讨论一次。这个框架经过几年的工作，经过了很多道的程序、很多同志的手，有些地方需要调整，这是别的学科也有的情况。也就是说，这次会议的目的是：要把我们这一卷书的成品变得更科学、更合理，有更高的水平。

人物上书

“人物上书”“大事记”“大事年表”等这类问题，需要进一步讨论。这样一个大的学科，在我们整个百科全书的层次上说：数、理、化、天、地、生，“数学”是第一位，因为它的内容，凡是问题都是一个大问题，时间占得多一点，是完全合情合理的。和其他卷相同的一点是“人物上书”问题：“故世的”“在世的”。特别是“在世的”，要有多方面的考虑。各级经过一些酝酿，现在酝酿的结果怎么样还可以交

---

〔1〕本文是姜椿芳一九八六年六月十四日在《中国大百科全书·数学》第二次编委会上的讲话。——编者注

换自己的意见，不合适的地方还可以调整。

在这个问题上，有的学科遇到的困难，要比《数学》卷的还要多。编委会主任、副主任都说我们不愿意上书，因此别的人也不要上书。这就牵涉到要改变百科全书体例上的一个问题，要从改进体例上来考虑，现在各科的百科全书，对“故世的”人物有一定的评价，当然上书没问题。“在世的”人物，最近几年来数量越来越多，有些比较年轻的专家、学者有比较大的成就，可能会因为他年轻而不考虑。所以“活人”上书的问题有困难，但还是可以解决的。

我们是社会主义国家，我们目前编综合性的、大型的百科全书就是这一部，并且我们必须要周到地、慎重地考虑。严谨是需要的，但是也不要严谨得有些地方有偏。所谓困难就是指这个。只要他有成就，不分年龄，不分国籍，甚至于也不分政治态度，主要看他学术上的成就，实事求是，以科学的态度评价，他有成就就能上书。

大事记

“大事记”的问题，有些学科具体做的时候感觉困难，哪件是大事，哪件是小事，也许小事你把它归属到大事了，大事有时倒忘了。

大体上不会有太大的差别，我们要反过来看，意思就是说，我们整个一卷书，实际上所有大的问题，在一卷书的条目里面都有，我们编《中国文学》卷的时候，搞中国文学的同志就说，中国文学大事记怎么写？可以写几十万字，也可以写一两万字、三十万字，界限很难分。后来看一看我们全书的条目，这些个条目、人物、事件，重要的“事”，条目里都有，把这些条目都综合起来、整理出来，实际上就是这卷的大事记。每一部书里都有大事记，不可能只有一件大事。所谓“大事”，是指事件、人物、重要的住所、发现的新问题等。大的问题在百科全书的条目里不会没有反映，搞了几年的工作，大家摸来摸去的，把这些用另外一个形式——“大事记”的形式写出来。从这个角度来看，这些问题就不觉得困难了。

“总编委”和“分编委”的职责区别

从一九八〇年到现在，共编了六年。在这个时间里，许多数学界的专家、学者做了大量的工作，成绩很大。我们“编辑部”，是作为一个出版社来执行总编委会给的任务，我们和各位专家一起进行工作。我们有些还不是专家，还不能撰写条目，也不能声称为编委，就是一个工作班子。照我们的规定：总编委包括各学科的专家、学者，总编委的副主任也包括各方面的专家，有的还没有考虑周到的，以后还可以再填补。

各卷“分编委”的说法是和“总编委”对应的。有总编委，那么就有分编委。事实上没有分编委，而是每一个学科自己的“编写委员会”。《外国文学》卷有外国文学的编委会。编委会有主任、副主任，有委员。学术性的工作由这个编委会来组织。出版社编辑部的同志协助大家一起工作，在学术上是编委会来工作。有些单位总觉得这是你们中国大百科全书出版社的工作，我们强调：这是每一个学科、每一卷的工作。有些学科的编委会把责任承担起来了，把它作为自己的工作来做，这是各学科都有的情况。这个情况说明了我们各学科专家认识到：中国需要编一部大百科全书，需要编一部符合今天要求的百科全书。我们是第一次编，又要把我们过去的、外国过去的反映出来，又要把现在的、最新取得的成就反映出来。这些任务只有专家、学者才能担当起来。

成书阶段要合理安排，紧张有序

有些学科认为，我们条件还不成熟；某些问题还是空白；某些事情还没有做。我们强调：我们今天没有达到的，明天、后天能够达到；今天世界上已经达到的，我们还没有，就说明我们做得还不够，有一定的距离；但是人类已经达到的、世界上已经取得的成就，应该反映在我们的百科全书里。《中国大百科全书》并不是单单表现中国，它是表现古今中外的。

只怕我们有些地方有疏忽，做得不够周到，但是发现了，我们就要陆续修正。我们现在正在编纂的是第一版，第一版照我们的计划是七十五卷到八十卷，但是我们说在一九八九年前出七十五卷，能够出到八十卷当然更好，能够出到七十五卷就是初步完成了我们的计划。现在我们各学科都在积极进行，过去是缓慢了些，因为我们刚开始工作，没有经验，万事开头难。

今年计划要出版十四卷，过去一年只能出一卷，有时候两卷，前年增加到三卷，去年增加到四卷，今年要增加到十四卷。

在我们整个出版工作过程中，最后发现最困难的是“校对”，校对变成了一个瓶颈。有时候这卷书已经排出来，“毛校”完成了，还要请专门的校对班子来校对。他们校不出来，或者要我们编辑部的再去清查，有时清查不出来，所以拖延了时间。这些事情也都在落实解决中。今年的十四卷，实际上数目并不多，因为我们的印刷厂还在排印美国编的《简明不列颠百科全书》中译本。今年九月里，十卷都要出齐，它挤掉了我们一些生产能力。就是说我们好多书都编成了、到了成书阶段了，今年、明年、后年都会按计划出齐。《数学》卷大功告成、基本完成，这次讨论后，在规定的时间就可以拿出初稿，然后就可转入“成书阶段”。

成书阶段，我们尽可能地安排得合理、紧张。也要请数学界的专家随时协助我们，有问题向大家提出来。编辑部拿到了专家、学者的稿子不可以轻易改动，只是修辞上或是体例上的改动。凡是需要改动的稿子，也要请作者看一看。别的学科是这样，数学也是这样。我们没有一个这么高的权威，像你们这样，或者说有这么个天才的数学家可以代管一切，把这个书弄好，一切都要依靠专家、依靠编委会。

现在是六月半，我们希望用半年，或者不到半年的时间，六月半到十一月半，五个月，能够把它完成，发到印刷厂。争取明年能早一点问世。在今后的五个月里，把一切出版方面要解决的问题都解决好，也是一件大事。现在我们排印的时间一般是六个月，假设我们顺利，明年没有像《简明不列颠百科全书》这样的任务来挤我们的话，可能会加快一些。

现在使用的是最原始的一个字、一个字的铅排，但也在尝试采取先进措施——用电子计算机、用激光。但是目前不能依靠这个，因为这个还需一段熟练过程。原来能排字的工人，不能马上转到新的排字方法上去。我们添了胶印机、带分色机的制版机，还安装了联动的装订机等等，都是为了要加快速度。

第一版《中国大百科全书》定在十年出齐

还有一个情况就是时间。十年的时间出一部中国的大百科全书。对我们客观的需要讲，时间是长了一些。从工作量来讲，这个时间是短了一些。从世界各国编百科全书的历史情况来看，都可以说这句话。

我们大胆地确定十年把它编出来。因为客观需要，太慢不行。有时候人们问，什么时候能出齐？我们说十年，他们吓了一跳，十年？我们要等十年，我现在六七十岁，我看得到看不到？十年，有的人觉得太长了。

但是另外一方面，这个十年又短了。因为要编出这样一个百科全书来，十年时间是很困难的。中国编的《辞海》过去是两大卷，现在是三大卷，大概两千多万字。老的中华书局出的，用了十年、二十年的时间。民国六年、民国五年编辑，一九一六到一九三六，二十年，中华书局舒新城主编的《辞海》用了二十年的时间。当然中间经过许多波折，几次内战，一九三六年，抗战前一年在上海出版。第二版就是现在的三大卷，编了二十三年，中间经过“文化大革命”，一再反复地修改。

《苏联大百科全书》，第一版花了二十三年，第二版，是卫国战争胜利之后搞的，他们原定八年的时间，实际上搞了九年多，现在第三版，用了八年。《不列颠百科全书》第十五版，花了十五年的时间修改。差不多是一年重印一次，每重印一次，他又重新加一点。弄到后来他无法再加了，就是加一些附录或者是插页插上去，或是从第几页到第几页要插哪几页。现在为了修改，它搞出第十五版，是个大修改，自称为百科全书的一次革命。

人家有二百年的历史经验了。而苏联百科全书虽然比英国、德国、法国搞得晚，但是它也在革命前已经编了好几本，日本编得更晚一点。在世界范围来讲，它也比我们早得多。明治维新之后不久，他们就组织编了。可是我们呢？我们晚得多了。蔡元培、李石曾、吴稚晖等学者和革命活动家，在一九〇六年开始计划要出百科全书。始终没能出成，做了许多尝试。编辑百科全书不容易，政治不稳定，科学知识掌握得不多，要编是困难的。我们定为十年，在这一点上讲，时间不算长；但从客观的需要来讲这十年又长了，任何事情都要辩证地来看。

第一版《中国大百科全书》七十卷，第二版将压缩到三十～四十卷

在我们目前的经济状况下，读者要买一套百科全书负担是太重了。科研单位、学校、机关可以买整套的，个人一下不可能买这么多。当然也有人要买了。学数学的、研究数学的，他需要有综合性的百科全书里边的《数学》这么一卷，历史或是文学，他可以不买。我们预备出七十卷，一个学科一卷，有的是两卷、三卷甚至四卷，还有更多卷数的。这

对我们今天的经济情况比较适合。是不是我们在走回头路？人家已经是按照字母顺序了，我们还在分学科。它是百科全书，是字典型的，按照字母顺序检索起来方便，这是必须要考虑的，许多国家出百科全书，开始的时候也是按照学科来编，他们的考虑可能是跟我们现在的考虑相近。

前年，美国《不列颠百科全书》的总编辑到中国来，他看了我们这样的编法，他说："我建议美国的《不列颠百科全书》也要有一版按照学科来分的，有好处。"这是不是走回头路？这是社会需要。我们现在是按照学科分，等到第二版我们就要按照字母顺序排版了。

现在我们计划出七十卷，和别的国家比，是不是数量太多了？过去德国、美国、英国都编过大部头的百科全书，有五六十卷，六七十卷，还有超过一百卷的，这都成过去了。可是现在西班牙的百科全书，已经超过一百卷了，他们原来定的并不是一百卷，后来发展了新的学科、新的材料，还用这个百科全书的名称，说是"续卷""补卷"，所以现在出到一百多卷。

可是几个走在前面的国家，美、英、德、法、苏联、日本等国家，现在出的百科全书都是从多到少。像美国编的《不列颠百科全书》现在是三十卷；苏联的大百科全书第二版是五十一卷，前两年出齐的百科全书第三版是三十卷；法国的《拉鲁斯大百科全书》是二十卷；德国的《迈耶百科词典》，还有其他一些百科全书都是三十卷左右。我们编第二版的时候，现在设想，也是三十卷左右，用不着七十卷。

初次编，简、繁我们还掌握不好，到第二次编，在我们已有的基础上编出新版来，数量会少一点。这个少一点说到三十卷，多一点说到四十卷，按照字母顺序排，用起来就方便多了。一个人有一套书，他要查各种知识都能够找到。而旧有的还可以参考。外国现在编三十卷也是考虑到许多人家、许多单位有旧版，旧版还可以参考。新版压缩，认为新的东西多放一些、旧的东西压缩一些，因此它的总量就少了。

还有一个考虑，现在的知识越来越广、越来越深，有许多专业的百科，你做哪一种学问的、哪一种专业的，你可以用专业百科，综合的可以少一点。家庭里面的房子，走访外国见过的房子，有家庭图书馆，就是自己家里的一个藏书，藏书量总是有些限度的，书架一两个，你一部百科全书来个七八十卷，一个书架就占满了。有个三十卷，也许是两层，还能再摆一点其他的书。

我们国内现在也是这样，书架有限，一定要精简。百科全书编的量少一点，但是知识还是要全，有些你可以到别的地方去找参考书，或是找大部头的百科全书。自己家用或是在你的书房里用的，或是一个大学生学习要用的，少占点地方会比较好。这样就适合今天的需要。

用美国《不列颠百科全书》和《苏联大百科全书》作例子：他们三十卷，开本是多大呢？是大十六开。甚至是大大十六开。我们现在出的是小十六开，就像普通杂志那么大。我们开始的时候也考虑出大十六开，和印刷厂谈了，和造纸厂也谈了，印刷厂可以拿他的机器，放大一点，可以印大十六开。今天我们经济情况是这样，我们的技术条件是这样，我们还是用我们中国最流行的、最方便的十六开。这十六开，和大十六开不同之处，就是字数包含的少了。这是第一。

第二，汉字和拉丁字母或者斯拉夫字母都不同。排起版来，像《不列颠百科全书》，它是英文字母，行与行之间都不要加空间，我们的汉字是方块字，一个字里边就有这么多笔画，你若不加字距、行距，就会变得一塌糊涂，这么一来我们要占的篇幅比外文要多，一个是大十六开，一个是加行距和不加行距等等的情况，计算下来《不列颠百科全书》三十卷，保守一点计算是八千万字，《苏联大百科全书》假设我们把它翻译成中文，三十卷也有七千五百万字。

我们要编的七十卷比三十卷多了一倍以上，字数多少呢？我们计算是一亿字。一个亿，一共也就比七千五百万和八千万多了两千万，可是我们卷数多了一倍以上，就是因为我们的排版方法和他们不同，所以说我们的量大了，但是并不比不列颠和苏联百科大了多少。

为能编出中国当代的第一部百科全书而共同努力

工作很繁重，组织工作很艰苦。我们有言在先，向大家提一提，日后还要麻烦你们，也许你们会讨厌，但是我们的人会不断地麻烦你们。学校要上课，科研单位要研究、要写论文，还有要到各地去开会的任务，以及其他种种的会议，要把有些任务移到年轻人身上去，老一辈的人现在精力不够，要充分依靠年轻人。我们不能等，时间虽然是短了一些，但是我们还是要充分利用这个时间，把前面的工作做好。

这次会议，要解决刚才提到的这些问题。最后，对各位的辛苦，对各位远道来到这儿，在这个炎热的条件下要熬几天，表示最诚挚的感谢。我们为能够编出中国当代的第一部百科全书而共同努力。

《中国大百科全书》前言

《中国大百科全书》是我国第一部大型综合性百科全书。

中国自古以来就有编辑类书的传统。两千年来曾经出版过四百多种大小类书。这些类书是我国文化遗产的宝库，它们以分门别类的方式，收集、整理和保存了我国历代科学文化典籍中的重要资料。较早的类书有些已经散佚，但流传或部分流传至今的也为数不少，这些书受到中国和世界学者的珍视。各种类书体制不一，多少接近百科全书类型，但不是现代意义的百科全书。

十八世纪中叶，正当中国编修庞大的《四库全书》的时候，西欧法、德、英、意等国先后编辑出版了现代型的百科全书。以后美、俄、日等国也相继出版了这种书。现代型的百科全书扼要地概述人类过去的知识和历史，并且着重地反映当代科学文化的最新成就。二百多年来，各国编辑百科全书积累了丰富的经验，在知识分类、编辑方式、图片配备、检索系统等方面日益完备和科学化。今天，百科全书已经在人类文化活动中起着十分重要的作用，各种类型的和专科的百科全书几乎像辞典那样，成为人们日常生活的必需品。

一向有编辑类书传统的中国知识界，也早已把编辑现代型的百科全书作为自己努力的目标。本世纪初叶就曾有人试出过几种小型的实用百科全书，包括近似百科型的辞书《辞海》。但是，这些书都没有达到现代百科全书的要求。

中华人民共和国成立之初，当时的出版总署曾考虑出版中国百科全书，稍后拟定的科学文化发展十二年规划也曾把编辑出版百科全书列入规划，1958 年又提出开展这项工作的计划，但都未能实现。

直到 1978 年，国务院才决定编辑出版《中国大百科全书》，并成立中国大百科全书出版社，负责此项工作。

因为这是中国第一部百科全书，编辑工作的困难是可想而知的。但是，由于读书界的迫切要求，不能等待各门学科的资料搜集得比较齐全之后再行编辑出版；也不能等待各学科的全部条目编写完成之后，按照条目的汉语拼音字母顺序，混合编成全书，只能按门类分别邀请全国专家、学者分头编写，按学科分类分卷出版，即编成一个学科（一卷或数卷）就出版一个学科的分卷，使全书陆续问世。这不可避免地要带来许多缺点，但是在目前情况下不得不采取这种做法。我们准备在出第二版时，再按现在各国编辑百科全书一般通行的做法，全书的条目不按学科分类，而按字母顺序排列，使读者更加便于寻检查阅。《中国大百科全书》第一版按学科分类分卷，每一学科的条目还是按字母顺序排列，同时附加汉字笔画索引和其他几种索引，以便查阅。

《中国大百科全书》的内容包括哲学、社会科学、文学艺术、文化教育、自然科学、工程技术等各个学科和领域。初步拟定，全书总卷数为 80 卷，每卷约 120 万～ 150 万字（包括插图、索引）。计划用十年左右时间出齐。全书第一版的卷数和字数都将超过现在外国一般综合性百科全书，但与一些外国百科全书最初版本的篇幅不相上下。我们准备在第二版加以调整和压缩。

《中国大百科全书》按学科分卷出版，不列卷次，每卷只标出学科名称，如《哲学》《法学》《力学》《数学》《物理学》《化学》《天文学》等等。

全书各学科的内容按各该学科的体系、层次，以条目的形式编写，计划收条目 10 万个左右。各学科所收条目比较详尽地叙述和介绍该学科的基本知识，适于高中以上、相当于大学文化程度的广大读者使用。这种百科性的参考工具书，可供读者作为进入各学科并向其深度和广度前进的桥梁和阶梯。

中国大百科全书出版社，除编辑出版《中国大百科全书》之外，还准备编辑出版综合性的中、小型百科全书和百科辞典，与专业单位共同编辑出版各种专业性的百科全书，以适应不同读者的需要。

《中国大百科全书》的编辑工作是在全国各学科、各领域的专家、学者和研究人员的积极参加下进行的，并得到国家各有关部门、全国科学文化研究机关、学术团体、大专院校，以及出版单位的大力支持。这是全书编辑工作能够在困难条件下进行的有力保证。在此谨向大家表示诚挚的感谢，并衷心希望广大读者提出批评意见，使本书在出第二版的时候能有所改进。

原载《中国大百科全书》，1980 年 9 月 6 日

百科全书（语言文字卷）

百科全书（encyclopedia） 荟萃人类各学科、各门类一切基本知识的出版物，它既是为使用者解决疑难问题的工具书，又是为广大读者提供系统知识的教科书。

历史 中国人在较早的时候就用分门别类的方式编出传播知识的工具书。

相传在西周时就已出现，后来在汉代又经多人增补的《尔雅》（公元前2世纪），被视为中国最早的工具书。这部书包含19个门类，解释字和词的含义，解释天地、山川、草木、禽兽、牲畜、鱼虫、宫殿和亲属等名称，说明其内容，具有百科全书雏形。

中国有编撰类书的传统，类书也是百科全书型的著作。远在汉末三国魏文帝时就编出第一部完整的类书《皇览》（220～226），广集经传，随类相从，字数达800万。这种类书以后各代都有编撰，总计大小有三四百种，其中最大型的有明代永乐皇帝命解缙、姚广孝等编的《永乐大典》（成于1408年），共22 937卷，约3.7亿字，装成11 095册，被称为世界上最大的百科全书。但是以类书而论，清代蒋廷锡的《古今图书集成》（1726，共1万卷），编得比《永乐大典》更切合实用，可惜引文不完全准确。

无论东方西方，学者们为了把各种知识推广和传之后代，几千年来一直在编撰当时最适用最有效的百科全书类型的书。

在欧洲古希腊，公元前5～前4世纪已开始出现百科全书式的著作。德谟克利特（公元前460～前370）和亚里士多德（公元前

384 ～前 322）把当时所知道的各种科学知识，写进他们的著作。这些著作都是为讲学用的，可见古希腊最初的百科全书类型的书是教育性质的。古罗马的 M.T. 瓦洛（公元前 116 ～前 27）编写的《学科要义》和老普里尼（公元 23 ～ 79）编写的《自然史》，也是古代百科全书类型的著作。

西方百科全书类型的著作，有两个发展阶段：从 5 ～ 16 世纪，从 16 ～ 18 世纪。前一阶段主要是僧侣在修道院为培养神职人员所编的课本，虽然涉及各种知识，但是偏重神学。这个时期的代表作有：伊西多尔（560 ～ 636）的《词源》和樊尚（1190 ～ 1264）的《大宝鉴》。后一阶段，由于科学发明渐多，知识传播日广，生产又迅速发展，课本式的著作已经不能适应客观的需要，必须编出新型的完备的工具书。

18 世纪中叶，在法国出现了启蒙运动，传播唯物主义思想，反对宗教迷信和君主专制，反对束缚生产力发展的封建制度。唯物主义哲学家 D. 狄德罗（1713 ～ 1784）等人主张在各学科各知识部门批评旧思想，宣传新思想，介绍最新科技和生产知识，促进社会发展。当时以狄德罗为首编辑百科全书，形成了百科全书派。狄德罗等人主编的百科全书自 1751 年开始出版到 1772 年，共出了 28 卷。这部百科全书的传播，动摇了封建思想基础，成为 1789 年掀起法国资产阶级大革命的重要因素之一。这部百科全书的正式名称是《百科全书，或科学、艺术与手工艺大词典》。“百科全书”是 encyclopedia 的译名，此词源出于希腊文，是“全面教育”的意思。随着各国所编的百科全书的出版，这个词的含义逐渐变化和扩大，有一切知识都包括在内的意思。

英国从 1768 年开始出版《不列颠百科全书》，一再修订，现在已出到 15 版（从 1929 年起改由美国编辑出版）。德国、意大利、西班牙等国，接着还有美国、俄国以及日本等，也先后编辑出版自己的百科全书。现在世界许多国家都出版了各种百科全书。

1840 年鸦片战争之后，素有编辑类书传统的中国学者们认识到过去的类书只是摭拾已有书籍中的知识资料，分门别类地辑成不够完备的工具书，而且大多数是诗文章句、典故辞藻的摘录，很少科学知识，更没有外国的资料和最新科技成就的介绍，认为应编出新型的百科全书。清代末年有人编译日本中学教材，用《普通百科全书》之名出版，实际上是一种丛书。民国初年出的《日用百科全书》《少年百科全书》，虽有百科全书之名，实际上也只是简单的常识性的文集。1936 年出版的《辞海》是既解释语词又提供各门学科知识的百科全书类型的辞书。1978 年，国务院决定成立中国大百科全书总编辑委员会和中国大百科全书出版社，开始编纂《中国大百科全书》，这才是中国编辑出版的第一部现代型百科全书。自 1980 年起，这部书开始按学科分类分卷出版。

种类　百科全书在性质上可分为两类：综合性百科全书和专业性百科全书。前者把各学科、各门类的知识综合地编在一套书里，后者只把某一学科或某一领域的知识汇编而成。《中国大百科全书》、《苏联大百科全书》、《不列颠百科全书》、法国《拉鲁斯大百科全书》、德国《布罗克豪斯百科全书》等都是综合性百科全书。专业性的百科全书则有《中国医学百科全书》、《中国农业百科全书》、美国《科学技术百科全书》、《苏联军事百科全书》等等。

从编法看，有按大类分卷的百科全书，如《中国大百科全书》，一个学科一卷或数卷，几个小学科合为一卷。但世界各国一般综合性百科全书都是把所有条目按标题字母顺序排列，不是按学科分卷编写的。另外，还有地区百科全书，宗教或民族百科全书及其他专题百科全书。

从卷数看，有大型的，一般是 20 ～ 40 卷（西班牙《欧美插图大百科全书》已出到 120 卷），也有小型的，一般在 10 卷以内。

指导思想 任何百科全书的编辑都有自己的指导思想。狄德罗主编的法国《百科全书》是以资产阶级的唯物主义观点为指导。《苏联大百科全书》说自己是以马克思列宁主义为指导的。《中国大百科全书》明确地标出以马克思列宁主义、毛泽东思想为指导。

百科全书是学术性著作，对学术上的不同流派，凡有独特见解的，都要充分反映，使读者能了解到这些学术上的不同观点，得到广泛的知识。

编法 综合性的或专业性的百科全书，都以条目的形式按知识主题对各学科的内容作出全面、系统、简明扼要的叙述和介绍。根据编辑意图，各条目或详或简，分为大条、中条、小条。

200年来，各国百科全书的编撰，向来有大条目主义和小条目主义之分。大条目的优点是叙述详尽而有系统，缺点是不便于检索，使用者不能迅速地寻找到自己需要的解说。小条目则相反，易于检索，但是各条目介绍的知识不全面，不系统。大条目编法适于阅读，具有更强的教育作用；小条目编法适于查阅，有灵活省时的工具书的作用。

《中国大百科全书》采用以中、小条目为主的编纂方法。大条目不过长，约在两三万字之间；中、小条目则是数百字到数千字。

一般综合性的百科全书收条7、8万个到10万个，字数在7、8千万至1亿左右。须有数百人、数千人甚至上万人参加撰写。

经过一二百年积累编写经验，世界各国的百科全书已经形成一套体例，其中最重要的是：

①参见。许多条目在释文中标出那些内容、概念上互相联系的其他条目，用特定的符号标出，以便使用者翻阅参考，取得更完整的知识。

②参考书目。在重要条目之后，列出参考书目，以便读者取得更进一步的专业知识，或认识钻研某一问题、某一专门学科的途径。

③索引。每一部百科全书必须有多种索引，使读者能迅速查到所需要的条目。最重要的是“内容索引”。索引主题数要多于全书条目总数

几倍至十几倍，以使读者左右通达，触类旁通，取得更广泛、更深入的知识。

④附录。在书末附上多种必要的参考资料和图表，如大事记、元素表、度量衡表以及人名地名索引等。《中国大百科全书》在每一学科之前还附一篇该学科的总论或综述，以及每一学科的分类目录，使读者能获知该学科的全貌。

⑤图片。世界各国的百科全书都重视图片与文字的配合，黑白图和彩色图并重，有些百科全书文字与图片的篇幅几乎相等。这样文以图显，图以文明，能让使用者更全面、更深入、更迅速地掌握各种知识。

修订　百科全书包括许多学科，各学科的内容在不断更新，但是百科全书卷帙浩繁，重印再版都比较困难。由于百科全书的部分内容和科学文化知识的不断更新存在着矛盾，各国百科全书采取几种不同的修订办法来解决它。一种是再版修订法，即隔一段时间，一般是 10 年左右再版一次，把全书条目修改一次；一种是连续修订法，即每隔一两年重印一次，把一部分必须更新的条目加以修订，其他不动（修订的数量约占全书 5%～10%）；再有一种是补卷法，即把更新条目编印成一两卷，作为原版的增篇。一般百科全书每年都出版一卷《年鉴》，把一年来的变化，主要是经济生产等方面的统计数字以及一部分更新的知识独立地编为一卷。

新发展　随着科学技术的发展，各国现在已开始利用电子计算机编排、印刷百科全书，并制出各种索引。对于书中有关音乐方面的条目，有的出版社还附上小型密纹唱片或录音磁带，与本书一同发行。近年来有些国家试制一种视听机，把各种条目录音，与电视片同时使用。使用者打开这种机器，一面听条目内容的口述，一面在电视屏幕上看到所讲条目的各种实物的形象。利用电子计算机，还随时可以检索所需要的条目，把它印出，这是百科全书的一项新发展。

参考书目

R.Collison，*Encyclopaedias*：*Their History Throughout the Ages*，Hafner Publ. Co.，New York & London.1966.

胡道静：《中国古代的类书》，中华书局，北京，1982.

原载《中国大百科全书·语言文字》卷

百科全书（新闻 出版卷）

百科全书（encyclopedia） 概要介绍人类一切门类知识或某一门类知识的工具书。供查检所需知识和事实资料之用，但也具有扩大读者知识视野、帮助系统求知的作用。它是一个国家和一个时代科学文化发展水平的标志。“百科全书”一词来源于希腊文 enkyklios（普通的）和 paedeia（教育或学识）。中国古代百科全书性质的典籍称类书。“百科全书”这个名称在20世纪初才在中国出现，是由日文中的“百科事典”和中国传统上大型丛书的名称“全书”融合而成的。

起 源

百科全书性质的著作已有 2000 多年的历史。在西方，原始胚胎有两个基础：一个是概要全面；一个是知识分类。希腊学者亚里士多德为雅典学园讲学，编著全面讲述当时学问的《工具论》《物理学》《形而上学》《伦理学》《政治学》和《诗学》等讲义，被奉为最早的百科全书家。中国魏文帝曹丕下令王象等人编撰的《皇览》，被《唐书·艺文志》论定为中国类书之始。此外，大约成书于汉初（相传始于西周）的《尔雅》，以最早的辞书闻名于世界，但它广收名物词，更像是一部古代的百科词典，因此也被看作是更早的渊源。

发展和演变

西方百科全书的基本性质曾发生过三次演变：古代的百科全书、中世纪的百科全书和现代的百科全书。与此相应，百科全书在编排上也经历了以“自由七艺”（“三学”和“四术”）为基础的原始分类编排、以科学分类为基础的分类编排和按字母顺序编排的三个阶段。百科全书的编撰组织大体上也区分为三个阶段（见下表）：

	性质	编排方法	编撰组织
古　代	教科书与工具书不区分	原始分类	单一作者或单一汇编者
中世纪	以教育作用为主，工具书作用逐渐突出	开始采取科学分类法	单一编者和多作者
现　代	以工具书作用为主，兼具教育作用	字母顺序编排为主	多编者和多专家作者

古代百科全书　公元 5 世纪以前的古代百科全书中，最著名的有：古罗马瓦罗编的《学科要义》9 卷，内容包括修辞学、数学、占星术、医学、音乐和建筑学。公元 1 世纪的老普里尼编的《自然史》37 卷，保存了许多后来佚失的资料。

中世纪百科全书　中世纪的百科全书的历史可分为公元 5 ～ 16 世纪和 16 ～ 18 世纪两个阶段，大体上是以 F. 培根创立科学分类法并对百科全书编纂产生重大影响为界的。中世纪前期西方的百科全书，明显地反映那个时代神学与宗教统治的影响。大多数百科全书是为修道院培养神职人员而编的课本。中世纪后期，特别是文艺复兴时期，随着科学和文化的发展，适应人们迅速查检知识的需要，百科全书的工具书作用逐渐增强。受词典的影响，编排方式也渐由分类编排向字母顺序编排过渡。J.J. 霍夫曼于 1677 年出版的《百科词典》是这一转变时期的百科全书代表作。

现代百科全书　西方现代百科全书的奠基人是法国哲学家 D. 狄德罗。以狄德罗为首的法国百科全书派，在 1751 ～ 1772 年编纂出版了世界闻名的《百科全书，或科学、艺术与手工艺大词典》，正篇 17 卷，图篇 11 卷。1780 年再版时出版家 A.F. 布勒通又补编了 7 卷，共 35 卷。法国百科全书派点燃了启蒙运动的火炬，为 1789 年的法国资产阶级革命做了思想准备。1768 ～ 1771 年，在苏格兰的爱丁堡出版了《不列颠百科全书》，初版 3 卷。1796 ～ 1808 年，在德国出版了《布罗克豪斯百科全书》。这是欧洲最有影响的两部百科全书，以后历版修订，直到现在仍是世界上最有权威的百科工具书。出版历史比较悠久的现代百科全书还有 1829 ～ 1833 年初版的《美国百科全书》13 卷、德国 1852 年初版的《迈耶百科词典》、英国 1859 ～ 1868 年创编的《钱伯斯百科全书》和法国 1865 年开始出版的《拉鲁斯大百科全书》。20 世纪创编的著名的百科全书有：1926 ～ 1947 年出版的《苏联大百科全书》第 1 版 65 卷，1933 年开始出版的西班牙《欧美插图大百科全书》（*ESPASA*）80 卷，1939 年出版的《意大利科学、文学和艺术百科全书》36 卷，1955 ～ 1963 年出版的日本平凡社《世界大百科事典》32 卷。

中国的百科全书　中国自魏至清，历代编撰大小类书 400 余种，可惜多数已经散佚。隋末虞世南编撰的《北堂书钞》、唐初欧阳询主编的《艺文类聚》与宋李昉等编纂的《太平御览》、王钦若等人编的《册府元龟》，被后人并称为中国古代“四大类书”。明初解缙等人编纂的《永乐大典》卷帙浩繁，达 2.2 万多卷，被外国百科全书称为“世界最大的百科全书”。清代用活字版印刷的大型类书《古今图书集成》也达万卷之巨。20 世纪 30 年代出版的《辞海》，含有相当的百科词典的成分。中国现代百科全书事业开创于 1978 年，《中国大百科全书》已从 1980 年开始出版。随之相继开始编纂和出版的还有《中国医学百科全书》《中国企业管理百科全书》《中国农业百科全书》等专业性百科全书。

百科全书的基本功用

就其历史作用和现代意义来说，百科全书有四种基本功能：①存佚。许多重要古籍和古代作家的作品早已佚失，后人能知道它们的一些内容，多靠百科全书的保存。②启蒙。自狄德罗《百科全书》出版以来，百科全书的历史便进入了现代时期，其重要的标志之一就是用真正的知识启迪愚昧之蒙。③查检。现代百科全书能使人们用最便捷的途径获取各种急欲知道的基本知识和基本资料。④自学。现代百科全书在科学分类的基础上对人类已有的各门类知识进行整理，用最概要的方式提供最基本的知识，有“没有围墙的大学”之称，从而为辅助人们自学求知提供一种有益的工具。

百科全书的种类

现代百科全书主要是按内容范围、规模、内容所涉及的地域范围和读者年龄档次等分类的。

内容范围　按内容范围的宽狭区分为综合性百科全书和专业性（包括专题性）百科全书。综合性百科全书概述人类一切门类知识，如《不列颠百科全书》《美国百科全书》和《中国大百科全书》。专业性百科全书选收范围有宽有狭：宽者选收一个广阔的知识领域，如美国的《科学技术百科全书》（30 卷）和《社会科学百科全书》（17 卷），狭者如苏联的单卷本《芭蕾舞百科全书》。

规模　按部头大小区分为 20 ～ 30 卷以上的大百科全书、10 卷左右的小百科全书和一般为单卷本的百科词典（或称案头百科全书）。现代世界上部头最大的百科全书是西班牙的《欧美插图大百科全书》，正篇 80 卷，逐年还出补卷。《中国大百科全书》定为 73 卷。

地域范围　按所收内容涉及的地域范围还分为世界内容的百科全书和地域性百科全书。各国编的世界内容的百科全书仍不免侧重本国内容。地域性百科全书则仅反映一个地区或一个国家的情况。

年龄档次　按读者年龄和文化程度分档，各档百科全书不仅在介绍知识的详简和深浅程度上有所不同，而且在性质上也稍有差异。一般分为 4 档：①高级成年人百科全书适应对象最广，一般由高中程度直至查阅非本专业内容的专家读者。各国有代表性的大百科全书均属此档。②普及成年人百科全书适应中等文化程度的社会广大读者，如美国的《科利尔百科全书》（24 卷）和《康普顿百科全书》（26 卷）。③中学生百科全书条目的设置更紧密地结合学校课程的设置，如美国《优等生百科全书》（20 卷）和《国际百科全书》（20 卷）。④少年儿童百科全书多以图片为主，内容浅近的如英国《儿童百科全书》（2 卷），内容稍深者如美国《不列颠少年百科全书》（15 卷）。一般说，前两档百科全书的工具书作用更强，而后两档则更偏重于辅助自学的教育作用。

百科全书的条目

条目是百科全书的基本寻检单元。编纂者对人类已有知识进行整理和分解，从而得到一个个大小不同的知识主题（或独立概念）。把这些主题按一定体例规范撰写出来，便是百科全书的条目。现代综合性大百科全书往往有多至几万至十几万个条目。条目之间靠参见系统互相联系，交叉而不重复。百科全书条目依主题的宽狭，有长至十几万字的释文，短至百余字的词条。

现代百科全书发展初期出现了两种编纂观点，这就是所谓的“大条目主义”和“小条目主义”。“大条目主义”实际上是对古代和中世纪百科全书编纂传统的继承，更多地着眼于教育作用，较多地强调知识的系统性。《不列颠百科全书》是“大条目主义”的代表，但20世纪70年代的新版已大有改变。它的《简编》已采取典型的“小条目主义”的编法。“小条目主义”是百科全书受词典编纂方法影响的结果。它对大学科或上层次概念和知识主题尽量加以分解，分成更多更小的独立主题，使百科全书更便于寻检，《布罗克豪斯百科全书》是这种编法的代表。

编排方法

百科全书内容的编排不外三种方式：字母顺序编排法、分类编排法和字顺与分类相结合的编排法。

附属成分

现代百科全书除正文外还编有与正文紧密关联的各种附属成分，其作用是增加寻检的方便和扩大百科全书的用途。附属成分包括：前言、凡例和目录；插图是重要的形象化手段，丰富和精美的彩色插图已是现代百科全书的一个重要标志；参见系统，把被条目分割的知识沟通起来。读者通过参见系统可能把一个主题有关的知识系统化起来。参见可用文字表示，更多的百科全书是用符号（如箭头）表示。

此外，还有参考书目和作为全书总“钥匙”的索引。最主要的索引是主题分析索引，即对条目释文进行分析，把其中有名可查、有事可考和有数可据的知识信息均选作主题，按某种检索次序（一般是字母顺序）编排起来，注明卷次、页码，有的百科全书还注明版面区域。大型百科全书多是把索引编为单独的一卷。此外有地图集及作为全书权威性标志的各种名单，如编委会、编辑部、学科顾问名单。

现代世界百科全书

80年代初，世界上出版有大、中型综合性百科全书的国家已达40多个，发行中的大、中型综合性百科全书不下百余种。附表中是现代世界各国和地区主要的百科全书。

现代世界各国和地区主要的百科全书

书名	原文书名	新版		初版年代	出版国家和地区
		年代版次	卷数		
《中国大百科全书》		1980～	73	1980～	中国
《中华百科全书》		1981～1983	10	1981～	中国台湾
《世界大百科事典》		1972，第3版	35	1955～1963	日本
《大日本百科事典》		1980	24	1967	日本
《印度尼西亚百科全书》	*Encyclopaedia Indonesia*	1954～1956	3	1954～1956	印度尼西亚
《亚洲百科全书》	*Encyclopaedia Asiatica*	1976，第3版	9	1958	印度
《僧伽罗百科全书》	*Sinhalese Encyclopaedia*	1963		1963	斯里兰卡
《土耳其百科全书》	*Türk Ansiklopedisi*	1964		1964	土耳其
《犹太百科全书》	*Encyclopaedia Judaica*	1978	16	1949	（耶路撒冷）
《苏联大百科全书》	*Ъольшая Советская Эндиклопедия*	1969～1978，第3版	30	1926～1947	苏联
《南斯拉夫百科全书》	*Enciklopedija Jugoslavije*	1980，第2版	11	1950～1971	南斯拉夫
《波兰大百科全书》	*Wielka Encyclopedia Powszechna PWN*	1962～1970	12	1962～1970	波兰
《罗马尼亚百科词典》	*Dictionar Enciclopedic Roman*	1962～1966	4	1962～1966	罗马尼亚
《匈牙利新百科词典》	*Uj Magyar Lexikon*	1959～1962	7	1959～1962	匈牙利

书名	原文书名	新版		初版年代	出版国家和地区
		年代版次	卷数		
《捷克斯洛伐克百科词典》	*Přiručni slovnik Naučný*	1962 ～ 1967	4	1962 ～ 1967	捷克斯洛伐克
《保加利亚简明百科全书》	*Kratka Bulgarska Entsiklopediia*	1963			保加利亚
《迈耶新百科词典》	*Meyers Neues Lexikon*	1972，第 2 版	15	1939 ～ 1952	民主德国
《迈耶百科词典》	*Meyers Enzyklopädisches Lexikon*	1971 ～ 1980，第 9 版	25	1839 ～ 1852	联邦德国
《布罗克豪斯百科全书》	*Brockhaus Enzyklopadie*	1966 ～ 1975，第 17 版	20	1796 ～ 1808	联邦德国
《拉鲁斯大百科全书》	*La Grande Encyclopedie*	1971 ～ 1976	21	1796 ～ 1808	法国
《法国百科全书》	*Encyclopedie Française*	1933 ～ 1966	21	1933 ～ 1966	法国
《大百科全书》	*Encyclopedie Universalis*	1968 ～ 1973	20	1968 ～ 1973	法、美
《钱伯斯百科全书》	*Chamber's Encyclopaedia*	1973	15	1859 ～ 1868	英国
《大众百科全书》	*Everyman's Encyclopaedia*	1977，第 6 版	12	1913 ～ 1914	英国
《新卡克斯顿百科全书》	*The New Caxton Encyclopaedia*	1977	20	1965 ～ 1969	英国
《意大利科学、文学和艺术百科全书》	*Enciclopedia italiana di scienze，lettere ed arti*	1949	39	1929	意大利
《意大利大百科全书》	*Lessico Universale Italiano*	1968 ～ 1980	24	1968 ～ 1980	意大利
《欧洲百科全书》	*Enciclopedia Europea*	1978 ～ 1980	11	1976	意大利
《欧美插图大百科全书》	*Enciclopedia Universal Ilustrada Europeo-Americana*（*ESPASA*）	1970	80	1905 ～ 1933	西班牙
《拉鲍尔百科全书》	*Enciclopedia Labor*	1955 ～ 1960	9	1955 ～ 1960	西班牙

书名	原文书名	新版		初版年代	出版国家和地区
		年代版次	卷数		
《希腊大百科全书》	*Magale hellẽnike enkyklopaedeia*	1959 ～ 1960	24	1926～1934	希腊
《瑞士百科词典》	*Schweizer Lexikon*	1945 ～ 1948	7	1945～1948	瑞士
《瑞典百科全书》	*Svensk Uppslagsbok*	1947 ～ 1955	32	1929～1937	瑞典
《哈格鲁普插图百科词典》	*Hagerups Illustrede Konversations Lexikon*	1948～1953，第 4 版	10	1892～1900	丹麦
《挪威百科全书》	*Norsk allkunnebok*	1948 ～ 1961	10	1948～1961	挪威
《阿谢豪格百科词典》	*Aschehougs Konversasjons-Leksikon*	1968～1973，第 5 版	20	1907～1913	挪威
《新知识百科词典》	*Unsi tie tosanakirja*	1960 ～ 1966	24	1960～1966	芬兰
《温克勒·普林斯大百科全书》	*Grote Winkler Prins Encyclopedie*	1966～1975，第 7 版	20	1870～1882	荷兰
《加拿大百科全书》	*Encyclopaedia Canadiana*	1977	10	1957～1958	加拿大
《不列颠百科全书》	*Encyclopaedia Britannica*	1974，第 15 版	30	1768～1771	英→美国
《美国百科全书》	*Encyclopaedia Americana*	1980	30	1829～1833	美国
《科利尔百科全书》	*Collier's Encyclopedia*	1980	24	1949～1951	美国
《美国学院百科全书》	*American Academic Encyclopaedia*	1981	21	1981	美国
《葡萄牙与巴西大百科全书》	*Grande Enciclopedia Portuguesae Brasileira*	1964	40	1935～1960	葡萄牙·巴西
《巴西百科全书》	*Enciclopedia Brasileira Merito*	1967	20	1967	巴西
《阿根廷大百科全书》	*Gran Enciclopedia Argentina*	1956 ～ 1963	8	1956～1963	阿根廷

书名	原文书名	新版		初版年代	出版国家和地区
		年代版次	卷数		
《墨西哥百科全书》	*Enciclopedia de Mexico*	1966～1972	10	1966～1972	墨西哥
《秘鲁百科词典》	*Diccionario Enciclopedico del Peru*	1967	3	1967	秘鲁
《澳大利亚百科全书》	*Australian Encyclopaedia*	1979	6	1925	澳大利亚
《新西兰百科全书》	*Encyclopaedia of New Zealand*	1966	3	1966	新西兰
《巴布亚新几内亚百科全书》	*Encyclopaedia of Papua and New Guinea*	1972	3	1972	巴布亚新几内亚

参考书目：

金常政：《百科全书编纂概论》，山西人民出版社，太原，1985.

A.И. 德罗宾斯基著，常政译：《马克思、恩格斯、列宁与百科全书》，知识出版社，北京，1986.（И.А.Дробинский，*Маркс*，*Эніельс*，*Ленин и энциклопедия*，Изд.Советская эндклопедия，Москва，1955.）

R.S. 科利森等撰，常政、吕千飞译：《百科全书》，知识出版社，上海，1980.（R.L.Collison，*Encyclopaedia*，*Encyclopaedia Britannica*，15th ed.，Vol.6，Encyclopaedia Britannica，Inc.，Chicago，1974.）

R.Collison，*Encyclopaedias*：*Their History Throughout the Ages*，Hafner Publ. Co.，New York & London，1966.

IO.E.Шмушкис，*Советские энциклопедии*，Изд.Советкая энциклопедия，Москва，1975.

原载《中国大百科全书•新闻 出版》卷

署名：姜椿芳　金常政

奥斯特洛夫斯基，A.H.（戏剧卷）

奥斯特洛夫斯基，A.H.　（Александр Николаевич Островский 1823～1886）　俄国剧作家。一生为俄国舞台提供了近50部剧本，创造了几百个人物形象，为俄国戏剧事业的发展作出了很大贡献。

生平　1823年4月12日出生在莫斯科小奥尔顿卡街（现改名为奥斯特洛夫斯基街）。父亲是法官，退休后，从事商业活动，家中来往的大多是商人。

1840年奥斯特洛夫斯基入莫斯科大学攻法律，1843年肄业，1843～1851年先后在“良心法院”和商务法院任书记官。在法院工作期间他开始写作。1847年发表剧本《破产者》的片段，引起文坛注意。全剧写成后，用《自家人好算账》的剧名于1850年正式发表在《莫斯科人》杂志上，受到进步文坛的赞美，但警察厅却禁止上演，到1861年才得以公演。从此以后，奥斯特洛夫斯基几乎每年都有一部或几部作品问世。

奥斯特洛夫斯基除了进行创作外，还翻译过不少外国剧本，其中有莎士比亚、戈齐、哥尔多尼、塞万提斯等人的作品。他还是一位积极的社会活动家。1865年，他发起成立了莫斯科演员联社。1870年，由他倡议组织了俄国剧作家协会。经他和鲁宾斯坦多方努力，于同年创办了演员训练班，培养了萨陀夫斯基、萨陀夫斯卡雅、马克歇耶夫等一群杰出的表演艺术家。在他的倡议下还创办了模范人民剧院。

1886年1月，奥斯特洛夫斯基被任命为莫斯科各皇家剧院的艺术总管理人。但还未能充分展开他对于剧院制度的改革和戏剧艺术的提高，便于6月14日在谢雷科沃（现为柯斯特罗姆州奥斯特洛夫斯基区）逝世。

创作　奥斯特洛夫斯基的创作年代，正逢俄国资本主义发展时期。他的作品反映了这个时代的社会变化。他自己曾说，他是遵循果戈理的创作道路的。他坚持揭露社会的不良风气，用讽刺的笔触来描绘当时社会的众生相。于是初露头角的商人阶层的粗暴和幼稚，新兴资产阶级和蜕化中的农奴主、地主的虚伪奸诈、残酷无情，贵族和官僚的愚昧、堕落等等，都成为他剧中人物的特点。早期的作品，如《各守本分》（1852）、《贫非罪》（1853）、《切勿随心所欲》（1854）等，在思想上带有美化俄国宗法制的倾向。车尔尼雪夫斯基和涅克拉索夫对这些作品提出过批评。随着19世纪50、60年代俄国革命形势的发展，他的创作进入新的阶段。从1856年起，几乎所有的新作都发表在涅克拉索夫和谢德林主编的《现代人》杂志上。这时期的作品，包括著名的《大雷雨》，具有较明显的暴露社会和暗示革命的倾向，因而受到反动势力的围攻。奥斯特洛夫斯基不得不暂时放下迫切的社会题材，转而写作历史剧。从19世纪60年代末起，又重新面对现实，并出现了创作的高潮。从1868年一直到80年代初，他的作品大都在涅克拉索夫和谢德林主编的《祖国纪事》杂志上发表。包括讽刺喜剧《智者千虑必有一失》在内的一系列剧本，对农奴制残余中蜕化出来的新型实业家和欧化商人进行了嘲讽。稍后的诗剧《雪女》（1873），表达了作者的理想和对人生意义的探索。《没有陪嫁的女人》等几个剧本描绘了才能卓越的俄罗斯妇女在当时虚伪、自私的社会中备受摧残的悲剧命运。

奥斯特洛夫斯基的全部剧作，按其内容的性质和人物所属的阶层，大体可以分5大类。

①描写商人生活的剧本：《全家福》（1847）、《自家人好算账》（1850）、《非己之长，勿充内行》（1853）、《贫非罪》（1854）、《他

人饮酒自己醉》（1856）、《节日好梦饭前应验》（1857）、《大雷雨》（1859）、《一知己胜两新交》（1860）、《莫管闲事》（1861）、《天下无难事，只怕有心人》（1861）、《孰能无过，孰能免祸》（1863）、《艰苦的日子》（1863）、《小丑》（1864）、《炽热的心》（1868）、《人无千日好》（1871）、《真理固好，幸福更佳》（1877）、《最后的牺牲》（1878）、《心非铁石》（1880）等。这些剧本最重要的一点是作者用否定的态度描绘了商人。

②关于人民生活的剧本：《切勿随心所欲》（1854）、《闹市》（1865）等。在这些剧本中，作者描写的是从农民转变为小商人、小市民的一些人。他们保持着民间的风俗习惯和生活方式。剧本有些类似民间文学作品，具有民歌风味，曾被改编为歌剧。

③描写小官吏生活的剧本：《穷新娘》（1852）、《肥缺》（1856）、《深渊》（1865）、《贫人暴富》（1872）、《富新娘》（1876）等。

④表现所谓“社会头面人物”的剧本：《意外事》（1851）、《女弟子》（1858）、《性格不合》（1858）、《智者千虑必有一失》（1868）、《来得容易去得快》（1870）、《森林》（1870）、《血汗钱》（1874）、《狼与羊》（1875）、《没有陪嫁的女人》（1878）、《名伶与捧角》（1882）、《美男子》（1883）、《无辜的罪人》（1884）、《世外事》（1885）等。这些剧本揭露了贵族地主和社会名流们的丑恶灵魂。

⑤历史剧：《柯兹玛·扎哈罗维奇·米宁苏霍鲁克》（1862）、《僭主德米特里与瓦西利·隋斯基》（1866）、《土辛诺》（1867）等。奥斯特洛夫斯基写历史剧是逃避现实，抵御迫害，但主题是积极的，具有爱国主义精神。

此外还有与索洛维约夫合写的《别鲁根的婚事》（1878）、《蛮女人》（1880）、《有光无热》（1881），与聂维仁合写的《妄想》（1881）。

戏剧观点和写作方法　奥斯特洛夫斯基认为“剧本应该是为全体人民而写的”。戏剧比其他一切文学作品更接近广大人民。舞台上演出的

戏，要写得强而有力，要有巨大的戏剧性和热烈的真诚的感情，要有生动而有力的人物。在所有俄国古典作家中，他的剧本占演出剧目的绝大多数。奥斯特洛夫斯基认为，写人民的生活，为人民写作，丝毫不会降低戏剧文学的价值，相反，“它可以增加它的力量，使它不致庸俗和堕落；只有那真正为人民所喜闻乐见的作品，才能永垂不朽。这样的作品，迟早总会被别的民族，而最后被全世界所理解和欣赏”。

奥斯特洛夫斯基每写一部剧本，都要对他所描写的事物作深刻的观察和周密的思考，并搜集充分的资料。他写剧本之前，不仅开列剧中人物名单，而且还开列谁适合扮演什么角色的名单。他所写的人物的性格和惯用的语言都有活的模特。在写作过程中，也常常更换扮演者，使之更相适合，从而使特定的演员最能发挥他们的艺术才能。奥斯特洛夫斯基塑造了一大批各种类型的妇女形象，使女演员们能发挥各自的特点并取得成功，使她们拥有自己的剧目，因此许多女演员特别爱戴这位剧作家。

奥斯特洛夫斯基重视台词的表现力。他的剧本对白清晰动听，语言优美。他能掌握舞台上的位置和调度，能恰到好处地安排演员上下场，这就使他的剧本演出具有很高的戏剧性。

奥斯特洛夫斯基常把西欧名家的剧中人写进自己的剧作，使之更易于为俄国演员和观众所接受。例如，把莫里哀《吝啬鬼》（一译《悭吝人》）中的守财奴阿巴贡写进他的《贫人暴富》；把小仲马《私生子》中的女裁缝的儿子写进《无辜的罪人》，都取得很好的效果。在排戏过程中，他经常听取演员的意见，修改自己的剧本。《大雷雨》中卡杰林娜关于自己少年生活的独白，就是根据第一个扮演卡杰林娜的女演员柯西茨卡雅的自述补写进去的。

评论　奥斯特洛夫斯基的创作在俄罗斯文学和戏剧中具有珍贵的美学价值。俄国的重要评论家和作家，如杜勃罗留波夫、车尔尼雪夫斯基、屠格涅夫、涅克拉索夫、冈察洛夫、普列汉诺夫、卢纳察尔斯基等，都从不同的角度给予奥斯特洛夫斯基以高度的评价。杜勃罗留波夫认为奥斯特洛夫斯基是一位熟悉俄国生活的人，是人类心理的天才描绘者，性格描写的巨匠。他说，奥斯特洛夫斯基能抓着生活的实质、时代的脉搏。他把奥斯特洛夫斯基在《大雷雨》之前的许多剧本中所描绘的俄国生活，称作黑暗王国的形形色色。把论述这一问题的文章题名为《黑暗王国》，这是俄国社会史和文学史上的重要文献。《大雷雨》一出现，杜勃罗留波夫就立即写出一篇新的文献性论文《黑暗王国的一线光明》。他认为《大雷雨》女主人公卡杰林娜在宗教迷信、封建势力、愚昧习俗等层层压迫之下，勇敢地发出了自己的抗议。她的投河自尽，标志着在俄国革命日益成熟的形势下，一个善良、美好的女子终于忍无可忍，跨出空谷足音的一步，这是革命巨浪即将到来的先声。奥斯特洛夫斯基的剧作曾在俄国舞台上广泛上演，造就了一批优秀的俄国演员。莫斯科小剧院曾以演出奥斯特洛夫斯基的戏而闻名。斯坦尼斯拉夫斯基在 1926 年导演他的《火热的心》，梅耶荷德在 1924 年导演他的《森林》，都成了重大的戏剧事件。直到 20 世纪 80 年代，奥斯特洛夫斯基的一些名剧还是苏联剧院的保留剧目。奥斯特洛夫斯基剧作最早介绍到中国的是《大雷雨》。1921 年出版了耿济之翻译的《雷雨》，1937 年改名《大雷雨》，在上海演出。到 80 年代中，在中国已有 20 多家剧院、剧团和戏剧院校演出此剧。除《大雷雨》之外，1922 年出版了郑振铎译的《贫非罪》和柯一岑译的《罪与愁》（即《孰能无过，孰能免祸》）。《罪与愁》曾由钱颖和张庚改编为《爱与恨》于 1936 年在上海演出。《没有陪嫁的女人》（梁香译）和《智者千虑必有一失》（林陵译）于抗战胜利后相继在上海出版。后者于 1962 年由北京人民艺术剧院演出，还有些奥斯特洛夫斯基的剧本，或改编为中国形式的戏（如陈白尘根据《没有陪嫁的女人》改编的《悬崖之恋》，又名《卖油郎》），或搬上银幕（如《无辜的罪人》改编为电影《母与子》），受到中国人民的喜爱。

参考书目

戈宝权、林陵：《奥斯特洛夫斯基研究》，时代出版社，上海，1949.

A. 史坦因著，蒋路译：《奥斯特洛夫斯基评传》，时代出版社，北京，1954.

Осмровский，Михаил Лобанов，М.，1979.

А.Н.Островский в русской кримике，Сборник смамей，Цод рец Г.И.Вадыкина，М.，1958.

А.Н.Островский，В.Я.Лакшин，М.，1982.

原载《中国大百科全书•戏剧》卷

署名：林陵

奥斯特洛夫斯基，A.H.（外国文学卷）

奥斯特洛夫斯基，A.H. （Александр Никодаевич Островский 1823 ～ 1886） 俄国剧作家。父亲是法官，母亲是圣饼制作者的女儿。1823 年 4 月 12 日出生在商人聚居的莫斯科河南区。父亲退休后他也经营商业，因而从小就熟悉商人生活。1835 ～ 1840 年在莫斯科第一中学求学，1840 ～ 1843 年在莫斯科大学法学系肄业。1843 ～ 1851 年在莫斯科法院工作 8 年，接触到各种各样诉讼者（特别是尔虞我诈的商人），目睹当时社会的众生相和官场生活，这一切为他后来的戏剧创作提供了丰富的素材。

奥斯特洛夫斯基在法院任职时开始写作。最初的文学试笔《莫斯科河南区一居民手记》（1847）受到“自然派”的影响。同年发表喜剧《家庭幸福图》（后名《全家福》）全剧和《破产者》的几场戏。这几场戏曾在几个艺术家的家里朗诵，使他在文学界获得广泛的声誉，得到果戈理、冈察洛夫等人的赞赏。全剧完成后改名《自家人好算账》，1850 年正式发表于《莫斯科人》杂志，作品按照果戈理的现实主义的方向对社会作了强烈讽刺，引起舆论界的注目。当时在文艺界颇负盛名的奥陀耶夫斯基公爵说，这部戏与其说是喜剧，不如说是悲剧。它应与冯维辛的《纨绔少年》、格里鲍耶陀夫的《智慧的痛苦》、果戈理的《钦差大臣》并列齐名，称为俄国的第四部喜剧。由于作者明显的倾向性，尼古拉一世亲自指令警察厅，对他暗中加以监视。而剧本迫于政府的禁令，直到 1861 年，即发表后 11 年，才得以初次公演。

奥斯特洛夫斯基从事创作 39 年，除了一部分散文和翻译作品外，一共写了50多个剧本，是俄国最多产的剧作家。但他的创作道路并不平坦：客观上受到种种阻难，主观上经历了曲折的思想发展过程。

1850年《自家人好算账》发表后，他被聘为《莫斯科人》的编辑和评论员，并且成为这个杂志的所谓“少壮编辑部”的成员，和这个圈子里的思想权威格里戈里耶夫过从甚密。《莫斯科人》是一个保守的刊物，在它的影响下，他的剧本《各守本分》（1852）、《贫非罪》（1853）、《切勿随心所欲》（1854）中流露出一种把俄国宗法制和旧习俗理想化的倾向，放低了暴露社会的调子。车尔尼雪夫斯基和涅克拉索夫对《贫非罪》和《切勿随心所欲》的批评，使奥斯特洛夫斯基理解到自己的错误，重新回到民主主义的道路上。

随着50年代末和60年代初俄国革命形势的发展，他的创作进入新的阶段。从1856年起，几乎他的全部新作都由涅克拉索夫和谢德林主编的《现代人》杂志发表。这时期他除采用商人题材外，还着手描绘官吏和贵族阶层，既反对农奴制，也对新兴资产阶级有所揭露。在喜剧《代人受过》（1855）中创造了一个家庭独裁者的典型，象征黑暗势力。另一喜剧《肥缺》（1856）抨击官僚的贪赃枉法，《女弟子》（1858）强烈抗议压制个性。这一时期的杰作是《大雷雨》（1859）。在这之前，杜勃罗留波夫把奥斯特洛夫斯基所描绘的愚昧、专制、强暴、欺诈、压迫的世界称为“黑暗王国”；《大雷雨》一出现，他又把女主人公卡杰林娜为抗议封建势力而投河自尽的举动称为“黑暗王国的一线光明”（1860）。而剧中的库力金则代表理性和教化的力量。

奥斯特洛夫斯基遵循《大雷雨》所开始的取材方向，在60年代继续写了《艰苦的日子》（1863）、《小丑》（1864）、《深渊》（1865）等以社会生活为题材的喜剧和悲剧。这个时期他受到反动文人的攻击和官办剧院的抵制，暂时放下迫切的现实题材，根据大量的史料，写了一组爱国主义的历史剧，如《柯兹马•扎哈里奇•米宁-苏霍鲁克》（1861）、《司令官》（1864）、《僭主德米特里与瓦西利•隋斯基》（1866）。

从 60 年代末起又面向现实，开始了他的创作新高潮。他整个 70 年代和 80 年代初的剧作几乎都由进步刊物《祖国纪事》发表。讽刺喜剧《智者千虑必有一失》（1868）、《炽热的心》（1868）、《来得容易去得快》（1869）、《森林》（1870）、《狼与羊》（1875）描写了农奴制改革后从宗法制环境蜕化出来的新型事业家和欧化商人的典型，有些讽刺形象类似谢德林作品中的人物。《雪女》（诗剧，1873）和《血汗钱》（1874）表达了作者对人生的意义、理想、幸福与义务的观点。

他晚年写了一系列富于才能和感情的女性在虚伪、自私的社会里的悲惨命运，如《没有陪嫁的女人》（1878）、《最后的牺牲》（1878）、《名伶与捧角》（1882）等，这些戏着重人物内心斗争的描绘，是契诃夫型戏剧的先驱。

奥斯特洛夫斯基一生孜孜不倦地从事戏剧创作，同政治上的阻难、官办剧场的抵制、戏剧界的不正之风，进行顽强的斗争。1886 年 6 月 14 日，他在谢雷科沃逝世。

奥斯特洛夫斯基为俄罗斯民族戏剧奠定了基石，给剧院提供了丰富的剧目，塑造了不少具有世界影响的典型形象。他的剧作生活气息浓厚，运用民间和各阶层生动活泼的语言，对白往往富于幽默感。他善于安排戏剧场面，剧情紧张动人。

奥斯特洛夫斯基又是一个社会活动家。他曾多方活动，筹集“文学基金”。1865 年由他发起，建立了“莫斯科演员联社”。5 年后成立了“俄国剧作家协会”。他倡议创办模范人民剧院，计划出版专门的戏剧刊物，设立保障作家晚年生活的机构等等。

他曾在俄国大力传播塞万提斯、莎士比亚以及其他世界大戏剧家的名作，亲自翻译和改编外国剧作。另一方面，他又反对一味上演外国喜剧的庸俗风气，为建立俄国自己的戏剧排除种种障碍。他在培养杰出表演艺术家这一事业上也作出了巨大的贡献。他的好些作品的主题被作曲家柴可夫斯基、里姆斯基 - 柯尔萨科夫、阿伦斯基等写成歌剧、交响乐。马科夫斯基、彼罗夫等画家采取他剧作中的题材作画。他的剧作对于亚美尼亚、乌克兰、白俄罗斯、格鲁吉亚等少数民族戏剧的发展起了推动作用。十月革命后，他的作品更受到各族人民的极大尊重，苏联没有一个剧院不上演他的戏。在法、英、德等国剧院的剧目中常常列有他的作品。

中国文艺界向来高度评价奥斯特洛夫斯基的作品。1921 年出版耿济之根据俄文翻译的《雷雨》（后来改名《大雷雨》）。1922 年出版郑振铎译的《贫非罪》和柯一岑译的《罪与愁》（即《孰能无过，孰能免祸》）。以后又有《没有陪嫁的女人》《智者千虑必有一失》等相继出版。钱颖和张庚根据《罪与愁》改编的《爱与恨》，1936 年在上海演出；《大雷雨》从 1937 年起在上海和其他许多地方陆续上演；《智者千虑必有一失》1962 年在北京演出。有些戏改编成中国形式，或在舞台上演出，如陈白尘根据《没有陪嫁的女人》改编的《悬崖之爱》（一名《卖油郎》）；或搬上银幕，如根据《无辜的罪人》改编的《母与子》。

参考书目

戈宝权、林陵合编：《奥斯特洛夫斯基研究》，时代出版社，上海，1948.

А.Н.Островский-эраматурz，*сб.ст.*，подред.В.А.Филиллова，М.，1946.

*А.Н.*Ревякин，*А.Н.Островский*，М.，1949.

А.Н.Островский и литературно-театралъное эвижение XIX-XX веков，Л.，1974.

原载《中国大百科全书 • 外国文学》卷

署名：林陵